COUP-D'ŒIL RAPIDE

SUR

LE GÉNIE DU CHRISTIANISME,

OU

Quelques pages sur les cinq volumes in-8°, publiés sous ce titre par FRANÇOIS-AUGUSTE CHATEAUBRIAND.

Rien n'est beau que le vrai.
BOILEAU.

A PARIS,

DE l'Imprimerie de LA DÉCADE PHILOSOPHIQUE, LITTÉRAIRE ET POLITIQUE, rue de Grenelle, faub. St-Germain, N° 321, en face de la rue des Saints-Pères.

AN X. — 1802.

AVERTISSEMENT.

TROIS extraits publiés dans la *Décade Philosophique et Littéraire*, N°s 27, 28 et 29 de cette année, composent cette brochure. Ils ont excité quelque attention. On ne pourrait satisfaire aux demandes qui ont été faites de ces trois numéros qu'en dépareillant les collections du Journal; on a préféré de réimprimer ensemble les trois articles.

En lisant cette critique, qui ne sort jamais des bornes où les discussions littéraires devraient toujours se renfermer, il ne faut pas perdre de vue la rapidité inévitable avec laquelle sont composés ces sortes d'écrits, et la difficulté de rendre compte, en si peu d'espace, et avec quelque agrément, d'un ouvrage de cette nature et de cette étendue.

L'Auteur des trois articles, qui ne voulait qu'être utile, a écrit avec modération. Des gens de parti, qui l'accusent d'un esprit de parti qu'il n'a pas, l'ont injurié avec fureur; ils ont répondu en style de libelle à une critique décente. Dans cette cause, plaidée devant le Public, c'est à lui de juger si la raison et la vérité sont du côté de la modération, ou si, pour la première fois, elles sont du côté des personnalités et des injures.

COUP-D'ŒIL RAPIDE

S U R

LE GÉNIE DU CHRISTIANISME. (1)

~~~~~~~~~~~~~~~~~~~~~

ARTICLE PREMIER.

J'AI pris un terrible engagement avec notre Société décadienne. J'ai promis de rendre compte de ce nouvel ouvrage, de ce *Génie du Christianisme*, si long-tems annoncé, si démesurément loué à l'avance, et qui du moment qu'il a paru, après un éloge suspect de partialité, quoiqu'il vînt d'un homme d'un grand mérite et de beaucoup de goût; après aussi quelques plaisanteries faciles et disproportionnées avec son importance, son but et son étendue, paraît s'être entièrement éclipsé dans le public, ou, si l'on veut, n'avoir pas obtenu, ce que tout auteur desire pour son œuvre, ou en bien ou même en mal, que le public s'en occupe.

Je pouvais bien aussi être suspect dans l'examen qu'on attendait de moi : l'auteur est mon

---

(1) Le titre entier de ce livre est : GÉNIE DU CHRISTIANISME, ou *Beautés de la Religion Chrétienne*; par FRANÇOIS-AUGUSTE CHATEAUBRIAND. A Paris, chez Migneret, etc. 5 vol. in-8°.
~~~~~~~~~~~~~~~~~~~~~

compatriote ; j'ai eu des liaisons d'amitié avec une partie de sa famille et avec lui-même ; je l'ai vu naître en quelque sorte à la société et aux lettres ; même depuis son retour, et malgré le bruit qui annonçait déjà son livre, je l'ai revu avec l'intérêt dû à ses malheurs, à ses qualités estimables et à nos anciennes relations. On savait tout cela, mais on connaissait mon impartialité, ma franchise, et l'on en a voulu cette preuve de plus.

Quelques raisons pouvaient balancer en moi ces dispositions favorables ; j'ai donné à ces dernières une nouvelle force en faisant cette lecture à la campagne, dans une retraite délicieuse, dans un loisir que nulle occupation de commande, nul devoir n'interrompt plus, au milieu du spectacle le mieux fait pour ouvrir l'ame aux sentimens exaltés, et l'imagination aux tableaux fantastiques, au milieu des richesses variées qu'étale dans nos campagnes le plus beau printems que la nature nous ait accordé depuis longtems. Je me suis enfin prêté le mieux que j'ai pu à la séduction, et certes ce n'est pas ma faute si je n'ai pas été séduit. Ce que j'ai dit, en commençant, de l'engagement que j'ai pris, fait déjà voir combien peu je l'ai été.

Et d'abord, qu'est-ce que cet ouvrage ? Est-ce un livre dogmatique, ou une poëtique, ou un traité de philosophie morale ?

Si c'est le premier, la partie poëtique est de trop, ou n'est pas ce qu'elle devait être. Elle est remplie d'idées et d'images profanes que la religion du Christ, et encore plus la religion des papes proscrit. La poësie des prophêtes, du psalmiste et des hymnographes, est la seule qu'elle approuve; à ses yeux austères, tout le reste est vanité.

Si c'est une poëtique, ou un traité sur le parti que les poëtes modernes pouvaient tirer de la religion chrétienne, (et ce sujet pouvait être riche et intéressant à traiter) toute la partie dogmatique est au moins superflue. Si Aristote s'était proposé d'analyser dans sa Poëtique l'emploi que les grands poëtes grecs avaient fait de la mythologie, et celui qu'on en pouvait faire encore, il n'eût certainement pas commencé par démontrer la vérité de tous les dogmes du poiythéisme; c'était l'affaire des hiérophantes et des prêtres de Jupiter.

Enfin, si c'est un traité de philosophie morale, il y règne d'un bout à l'autre une confusion entre les idées morales et les idées religieuses, qui, pour avoir été presque universelle, n'en est pas moins une déplorable erreur. Cette erreur a sans doute presque toujours été maladroitement combattue et insuffisamment démontrée; mais elle peut être rendue si évidente et si palpable, ce qui est arrivé en France contribue même tellement à la prouver, que les hommes les plus religieux, pourvu qu'ils consentent à faire usage de leur raison, peuvent aisément la saisir. M. de Châteaubriand lui-même ne se rappelle-t-il point une conversation amicale qui la lui a rendue sensible ?

Qu'il veuille bien s'interroger de bonne-foi sur les causes et les circonstances de ce qu'il nomme sa conversion. *Il a pleuré, et il a cru.* S'est-il bien rendu compte de ce que c'est que croire ? Quel rapport y a-t-il entre la croyance d'un dogme ou d'un fait, et des larmes ? Quelle solidité peut-il y avoir dans une conversion ainsi opérée, et que par conséquent d'autres larmes pourraient détruire ? Bien plus, quels étaient donc ces égaremens dont le souvenir troubla les derniers jours de sa malheureuse mère ? Etaient-ce ces déclamations et ces sophismes dont il s'accuse et qu'elle avait peu entendus ? A quels dogmes étaient inhérens les principes de morale qu'il avait pu oublier ? En lisant la lettre de son aimable sœur, dont il apprit bientôt la mort, et qu'il n'a pas été seul à pleurer, quels dogmes sentit-il reprendre pour lui toute leur évidence, et quelle liaison nécessaire avaient-ils avec les sentimens moraux qui reprirent en même tems sur lui tout leur empire ?

Je serais fâché qu'il lui fût désagréable d'être ainsi poussé de questions ; mais enfin quand on se donne pour un régénérateur de la religion et des mœurs, quand on porte aussi loin qu'il le fait une intolérance, dont peut-être il ne s'est pas rendu compte, mais qui n'existe pas moins dans son livre et dans sa doctrine, il faut commencer par scruter à fond, pour me servir de son langage, ses reins et son propre cœur.

« Si l'on arrive, dit-il quelque part, en ne croyant rien dans les *royaumes de la solitude*, on en sort en croyant tout (1). » Quoi! tout, absolument tout! Y a-t-il bien songé en écrivant cette hyperbole antithétique? et ne pourrait-on pas la lui rétorquer en disant que celui qui croit tout ne mérite d'être cru sur rien?

Quel est le résultat de tout son premier volume qui traite des dogmes, et quel serait le résultat des réponses qu'on y pourrait faire? Il a redit toutes les preuves qui ont été alléguées en faveur du christianisme; quelqu'un qui aurait le malheur de ne les pas croire redirait toutes les objections qui ont été faites contre; et les choses resteraient au même point où elles étaient avant qu'il eut écrit son livre et avant qu'on l'eût réfuté.

____

(1) Remarquons en passant que cette phrase n'est pas française dans le sens de l'auteur. Elle voudrait dire que c'est *en ne croyant rien* qu'on arrive dans les royaumes de la solitude, et que c'est *en croyant tout* qu'on en sort; ou ce qui est la même chose, que ne rien croire est le moyen d'y arriver, et croire tout le moyen d'en sortir. Les deux *en* sont de trop.

Je n'ai aucune raison de m'engager dans ces controverses toujours stériles ; je jetterai seulement ici quelques réflexions, non sur le fond des choses, mais sur la manière dont il les traite ; et ce sera encore presque sans ordre et à mesure que les objets s'offriront à moi, pour mieux éviter tout ce qui aurait l'air d'une discussion en règle.

Ce qu'il y a de particulier dans notre jeune auteur, c'est que ce qui paraît aux plus robustes croyans être au-dessus de la raison humaine, en exiger l'humiliation et même le sacrifice, n'est qu'au niveau de la sienne, et qu'il semble réellement comprendre ce que tous les docteurs traitent d'incompréhensible. Des mystères ! il n'y a, selon lui, rien de si conforme à la nature de notre esprit et de notre ame. Rien de beau, de doux, de grand dans la vie que les choses mystérieuses. Mystère dans les sentimens, dans les vertus, dans les sciences, dans les plaisirs de la pensée, dans les forêts et les solitudes, dans les monumens hiéroglyphiques, enfin dans l'homme lui-même. Confondant ainsi *le mystère* avec *les mystères*, il conclut qu'il n'est donc pas étonnant que les religions de tous les peuples aient eu leurs choses impénétrables ou leurs mystères.

La Trinité, par exemple, a pour elle l'antiquité presque entière. Il en existe même une preuve physique dans la nature : elle est l'archétype de l'Univers, ou, si l'on veut, sa divine charpente. Ici vient naturellement la longue énumération de tout ce qui se compte par trois, et parmi les preuves de la Trinité, l'auteur n'oublie pas les trois Graces. Il nous apprend aussi que la proportion génératrice du nombre trois *devient dans l'enfant, entre deux époux, le complément de la vie humaine et des délices de l'ame.* Et s'il vient un second enfant, s'il en vient quatre ou cinq, ce qui enfin peut arriver quelquefois, la vie humaine et les délices de l'ame seront-elles moins complètes? Non sans doute; mais que devient, dans ce cas, ce rapport entre le mystère de la génération et celui de la Trinité?

Le péché originel, *qui explique tout l'homme,* et la touchante rédemption *qui remplit les yeux de larmes et les empêche d'être trop éblouis,* rien encore de plus naturel et de plus clair. Je suis assurément loin d'y trouver la moindre obscurité; je n'en trouverais que dans certaines preuves, qui vont alors contre le but de l'auteur. « Après tout, dit-il, nous voyons chaque jour le fils puni pour le père, et la réaction du crime d'un méchant aller frapper un descendant vertueux, ce qui ne prouve que trop la doctrine du péché originel. » Cela ne la prouve point du tout, ou plutôt cela ne prouve ni pour ni contre; car ce que l'auteur dit que nous voyons tous les jours, nous ne le voyons jamais dans le sens où il faudrait que cela fût pour faire preuve. Pour éclaircir cette seule assertion qu'il a cru si probante, il y aurait plusieurs questions et distinctions à lui faire. Mais où en serait-il si l'on pressait ainsi tout ce qu'il avance ou ce qu'il affirme? Il se récrie avec avantage contre ceux *qui demandent des axiômes et des corollaires quand on veut peindre et toucher, et à qui, lorsqu'on prétend raisonner, il ne faut plus que des sentimens et des images.* Il aurait un peu moins beau jeu avec ceux qui exigent des preuves claires quand on prouve, et des raisonnemens justes quand on raisonne; qui veulent que ce soit avec sa raison que l'on raisonne et non pas avec son imagination.

C'est si bien l'imagination qui le plus souvent le domine dans sa partie démonstrative et dogmatique, que lorsqu'il traite, par exemple, du mystère de l'incarnation, saisi tout à coup d'enthousiasme à l'idée des beautés célestes de Marie, il fait un appel aux poëtes et les invite à la chanter, à la peindre assise *sur un trône de candeur,* brillante sur ce trône *comme une rose mystique,* et qui plus est *semblable à la galère athénienne chargée de porter les présens sacrés de Cérès.* Si l'on trouve un peu de désordre dans ces comparaisons et dans ces images, dans ce mélange des anciennes choses sacrées avec les nouvelles, et de Marie avec Cérès, on en verra la cause et l'excuse dans une autre image, sous laquelle l'auteur vient de se représenter le culte *de cette fille des hommes*. « Oh ! qu'il est ravissant, s'écrie-t-il, de voir toutes les graces du Seigneur *découler sur la terre à travers le sein d'une vierge timide*, comme pour rendre ces graces encore plus belles! » En se pénétrant bien de ce tableau, on avouera sans peine qu'il y a de quoi échauffer l'imagination d'un jeune docteur, et de quoi dérouter toute sa théologie.

Des mystères il passe aux sacremens; on ne doit pas être surpris qu'en traitant de l'ordre et du mariage, il examine à fond le vœu du célibat, *sous ses rapports moraux*, et qu'il le regarde comme la plus morale des institutions; mais on pourrait l'être de la réponse qu'il a imaginé de faire à la seule objection qui lui paraisse en mériter une. Cette objection est tirée de la loi générale de la population. Or, voici mot pour mot sa réponse :

« Il nous paraît qu'une des premières lois naturelles qui a dû s'abolir à la nouvelle alliance, est *celle qui favorisait la population* au-delà de certaines bornes. Autre fut Jésus - Christ, autre Abraham. Celui-ci parut dans un tems d'innocence, dans un tems où la terre manquait d'habitans. Jésus-Christ vint au contraire au milieu de la corruption des hommes et lorsque le monde *avait perdu sa solitude*. Ce rédempteur tant promis, *pour l'enfantement duquel toutes les entrailles des femmes avaient reçu l'ordre d'être fécondes* , fit cesser, en venant au jour , la malédiction attachée à la stérilité. *La pudeur put fermer le sein des femmes ;* et la seconde Eve , en guérissant les maux dont la première avait été frappée , fit descendre la virginité du Ciel, *pour remplacer les antiques douleurs de la mère.* ,,

'Je mettrais bien ici la traduction plaisante que quelqu'un a faite de tout ce passage, mais elle ne s'accorderait pas avec la gravité du sujet. Au reste, on reconnaît ici le goût de l'auteur pour une certaine obscurité mystérieuse, et pour ces voiles transparens qui ne cachent qu'à demi ce qu'ils couvrent. Ce sujet de la virginité, qui lui inspire des idées si peu communes, est tellement de son goût, qu'après en avoir parlé plusieurs fois accessoirement et par occasion, il le traite enfin *ex professo* dans tout un chapitre, qu'il intitule très-sérieusement : *Examen de la virginité, sous ses rapports poétiques.* Ce n'est pas, on peut le croire, un des moins curieux de l'ouvrage ; il faudrait le citer tout entier, de même que l'auteur y a compris la nature entière. Contentons-nous de ce grand trait qui termine et couronne tous les autres : ‹‹ Ainsi la virginité, remontant depuis le dernier anneau de la chaîne des êtres jusqu'à l'homme, passe bientôt de l'homme aux anges et des anges à Dieu, où elle se perd. . . . .

Dieu est lui-même *le grand solitaire de l'Univers,* *l'éternel célibataire des mondes.* „ L'auteur entend sans doute ce que cela veut dire puisqu'il l'a écrit : mais tous ses lecteurs entendront-ils ce que c'est que le *célibataire des mondes ;* ce que c'est qu'un *grand célibataire* qui produit et qui crée ? à moins qu'il n'ait voulu par-là offrir un emblême mystique de ce que sont, pour la plupart, les grands et les petits célibataires *de ce monde.*

Sa prédilection pour les descriptions poëtiques brille encore dans celle qu'il fait de Moïse, descendant de la montagne avec les tables du Décalogue. Il s'agissait de comparer cette loi avec celles des législateurs anciens, et d'en montrer la supériorité. Il commence par traduire séchement les premières ; il en tronque ou mutile quelques-unes, comme celles de Pythagore ; il omet en entier les lois de Platon, sous prétexte qu'elles n'ont point été mises en pratique ; enfin, il les récapitule toutes inexactement, tâche de les mettre en contradiction, et leur oppose des objections dont celle - ci peut faire apprécier la justesse. Une loi de Minos déclare infâme quiconque n'a point d'ami. « Ce législateur, dit. M. de Châteaubriand, a donc déclaré infâmes tous les infortunés ? „ Si l'on concluait de cette fausse conséquence qu'il n'a jamais lui-même été l'ami d'aucun malheureux, qu'aurait-il à dire ?

Après avoir traité avec cette légèreté toute la sagesse antique, il en vient à la loi de Moïse, et par une marche contraire, il s'entoure en quelque sorte des mêmes prestiges dont s'environna ce législateur, et cherche à faire sur ses lecteurs à-peu-près le même effet qu'il produisit sur les Hébreux. *Voyez*, dit-il, *cet homme qui descend de ces hauteurs brûlantes;* et il nous étale le plus magiquement qu'il peut, toute cette phantasmagorie; sans oublier qu'*à l'horizon se déploie la chaîne du Liban avec ses éternelles neiges et ses cèdres fuyant dans le ciel;* ce qui est beau sans doute en poësie et en peinture, mais ne fait rien à la beauté des lois du Décalogue; sans oublier encore que *la postérité de Jacob se voile la tête dans la crainte de voir Dieu et de mourir*, ce qu'on avait fait très-prudemment de leur recommander, mais ce qui ne prouve pas trop puissamment la réalité de ce qu'ils virent.

« Cependant les tonnerres se taisent, et voici venir une voix : *Chemang, Jisraël Anochi Jehovah Elohecha,* etc. » Très-belles paroles assurément, qu'il traduit ensuite avec toute leur emphase, en déclarant dans une note remplie d'érudition hébraïque, que c'est directement de l'hébreu qu'il les traduit. Mais pourquoi donc cette traduction ne lui suffit-elle pas? A quoi bon ce *Chemang Anochi Elohecha?* Cela ne ressemble-t-il pas un peu trop au Sganarelle de

Molière? Ah ! vous n'entendez pas le latin ? *Cabricias arcituram catalamus singulariter*, etc.

Si l'imagination joue un si grand rôle dans les premiers livres , où l'auteur traite des mystères , des sacremens, des vertus , de la tradition de Moïse et d'autres objets qui exigent qu'il s'enfonce dans les ténèbres de la chronologie *antediluvienne* , on doit penser qu'elle prend encore un plus grand essor dans celui où il démontre, à sa manière , ce qui a déjà été démontré tant de fois , *l'existence de Dieu par les merveilles de la Nature*. Il y a donné carrière au talent descriptif, qu'il possède à un degré peu commun, et dans lequel il n'aurait peut-être aujourd'hui qu'un rival ou du moins qu'un maître , si de fréquentes exagérations, des bizarreries , des expressions de mauvais goût et même des fautes de langue ne défiguraient trop souvent son style.

En parlant du chant des oiseaux, il s'étudie surtout à peindre celui du rossignol ; mais par malheur il ne semble connaître que le rossignol des poëtes et non celui de la Nature. Ce n'est que dans Virgile que la plaintive Philomèle *chante encore quand elle a perdu ses petits*. Dans nos bois , dès qu'ils sont éclos , elle ne chante plus : elle ne fait plus entendre , en cherchant pour eux de la nourriture, qu'une espéce de petit cri importun, suivi d'un croassement désagréable , et qui n'a pas le moindre rapport avec son premier chant. C'est donc absolument à faux que porte tout ce que l'auteur s'efforce d'ajouter d'ingénieux et de neuf à la description touchante mais idéale de Virgile. « C'est encore l'air du tems du bonheur qu'il redit, car il n'en sait qu'un ; mais par un coup de son art, le musicien n'a fait que changer la clef, et la cantate du plaisir est devenue la complainte de la douleur. » Il n'y a pas là un mot de vrai, ni quant au chant de l'oiseau, ni quant à la musique ; et ce changement de clef, pour faire à volonté·une cantate ou une complainte, est une pure invention de l'auteur. Je ne sais si on lui doit aussi celle de ce beau secret, de crever les yeux à un rossignol pour le faire mieux chanter ; mais je ne crois pas que l'on ait jamais vu ailleurs que dans son ouvrage, *cet Homère des oiseaux* qui *gagne sa vie à chanter*, et qui *compose ses plus beaux airs après avoir perdu la vue.*

Il aime, comme on voit, à parler du rossignol ; et par une sorte de fatalité, il se trompe presque toujours lorsqu'il en parle. Veut-il faire sentir ce qui arriverait aux oiseaux, si c'était leur seul instinct qui les guidât dans leur émigration ? Au lieu de dire simplement que les rossignols pourraient aller périr dans le Groënland, il fait de cela une petite scène à sa manière, et dit : « Le Groënlandais entendrait une plainte sortir de ses rochers, et verrait un petit oiseau grisâtre (1) à la fois chanter et mourir : ce serait la pauvre Philomèle. ‚‚ Eh non, encore une fois : il ne verrait rien de semblable. La pauvre Philomèle ne chante ni quand elle souffre, ni encore moins quand elle meurt. Elle ne chante absolument que pendant ses amours.

Les oiseaux en général lui portent malheur. En parlant de cette partie si intéressante de l'histoire naturelle, il semble avoir fait vœu de n'être jamais dans la Nature. Il fait passer à l'hirondelle, *l'été aux ruines de Versailles, et l'hiver à celles de Thèbes.* Il pouvait se figurer dans ses courses lointaines, que Versailles était en ruines, mais comment, depuis son retour, n'a-t-il pas sacrifié cette opposition fausse, et qui ne porte sur rien ?

La poule d'eau qui se perche quelquefois sur les châteaux, ne manque pas à ses yeux de choisir de préférence les armoiries sculptées dans les murs, et quand elle s'y tient immobile, *on la prendrait pour un oiseau en blazon, tombé de l'écu d'un ancien chevalier.* Ceci n'est pas une vision commune ; et il n'y a peut-être pas deux têtes d'hommes que la vue d'une poule d'eau pût faire ainsi rêver de châteaux, d'armoiries, d'écussons, de sable et de merlettes.

Que des cignes de passage qui pendant l'hiver

---

(1) C'est *roussâtre* qu'il fallait dire pour être exact.

se reposent un instant sur les bruyères, y laissent en reprenant leur vol, quelques plumes que le vent disperse ; l'auteur s'écrie : « Heureux les hommes qui, comme le cigne, ont quitté la terre sans y laisser d'autres débris ni d'autres souvenirs que *quelques plumes de leurs ailes !* » Une vieille corneille perchée sur un chêne avec lequel elle a vieilli, immobile, *et comme pleine de pensées*, abandonne de tems en tems aux vents *des monosyllabes prophétiques*. Enfin, les oiseaux qui nous arrivent du Nord quand la terre est dépouillée, servent à notre nourriture, tandis que les autres *ne sont que des musiciens envoyés pour charmer nos banquets.* » Ainsi les oiseaux du Nord sont *la mane des Autans*, comme les rossignols sont les dons des Zéphyrs. De quelques points de l'horizon que le vent souffle, il nous apporte un présent de la Providence. » C'est bien dommage que l'auteur ait pris ici pour les vents du Nord, les *Autans* qui sont les vents du Midi. Quelque attentif qu'on soit à regarder d'où vient le vent, on peut s'y tromper quelquefois.

Déterminé à voir des présens et des bienfaits dans toutes les parties de la création, il n'est embarrassé ni des monstres des déserts, ni des serpens, ni des crocodiles ; il se passionne surtout pour ces derniers. « Un crocodile, un serpent, un tigre sont-ils moins tendres pour leurs petits, qu'un rossignol, une poule, *et puisqu'il le faut dire, qu'une femme ?* .... N'est-ce pas une chose aussi miraculeuse que touchante, que de voir un crocodile bâtir un nid et pondre un œuf comme une poule, et un petit monstre sortir d'une coquille comme un poussin ? Que ce contraste renferme de vérités attendrissantes ! Combien il fait aimer la bonté de Dieu ! ,, Les voyageurs qui ont vu leurs compagnons, et qui ont failli d'être eux-mêmes dévorés par ces horribles reptiles, ne seront peut-être pas de son avis sur ce trait de la bonté divine ; mais l'auteur en tiendra peu de compte : il ne doit point d'égards à des athées ; et selon lui, il n'y a que l'athée dont la sagesse soit quelquefois révoltée par ces espèces de monstres (1).

Or il faut savoir que dans son opinion les athées sont très-nombreux. Avec lui, point de milieu : il faut être ou chrétien ou athée ; si vous niez la base qui est le péché originel, ,, Bientôt, dit-il, poussé de conséquence en conséquence, vous serez obligé de vous perdre dans l'athéisme : dès l'instant où vous admettez un Dieu, la religion chrétienne arrive malgré vous, comme l'ont remarqué Clarke et Pascal. ,, Avec tout le respect dû à ces deux grands noms, il résulterait de cette remarque, qu'avant la naissance du

____

(1) T. I, p. 212.

Christ, personne ne croyait en Dieu ; que So-
crate, Platon et Cicéron, qui n'avaient aucune
idée du péché originel, étaient des athées ; qu'a-
thée et théiste, c'est-à-dire le oui et le non, sont
la même chose, et une foule d'autres conséquences, que ni Clarke, ni Pascal, ni M. de
Châteaubriand lui-même, ne pourraient pas plus
nier qu'admettre.

Il divise les athées en deux classes bien dis-
tinctes. « Les premiers, conséquens dans leurs
principes, déclarent sans hésiter, qu'il n'y a
point de Dieu, point d'ame, point de différence
essentielle entre le bien et le mal, que le monde
appartient aux plus forts et aux plus habiles, etc. »
Du moins, ajoute-t-il, ceux-ci sont-ils francs,
s'ils sont atroces. — Je ne crois pas qu'il soit
fort commun d'entendre prêcher une telle doctrine. Il y aurait, avec l'atrocité, trop de mal-
adresse dans cette franchise. Mais on a vu de
de tout tems des hommes qui affichaient un
grand respect pour la religion, donner tout,
dans leur conduite, à l'empire de la force et de
l'habileté. Les Borgia, les Henri VIII, les
Cromwell, les Louis XI, ne professaient point
l'athéisme ; et ce sont pourtant là de ces forts
et de ces habiles à qui le monde appartient. Ils
ont, proportion gardée, dans les rangs infé-
rieurs et dans les conditions communes, des
imitateurs qui savent s'emparer, par les mêmes

moyens, de ce qui est à leur portée, et de ce qui est pour eux *le monde*; ce ne sont point non plus des prédicateurs d'athéisme ; et quand cela sert à leurs vues, ce sont même de fort bons chrétiens.

Les athées de la seconde espèce sont ce que l'auteur appelle *les honnêtes gens de l'athéisme, les hypocrites de l'incrédulité.* « Absurdes personnages, mille fois plus dangereux que les autres, et qui, avec une douceur feinte, se porteraient à tous les excès pour soutenir leur systême. » Voilà de bonnes et fortes injures qui prouvent ce que l'auteur pourrait se permettre pour soutenir le sien. Mais enfin cela ne nous dit pas quels sont ces hypocrites abominables, quel est le systême de ces hommes affreux. Le voici enfin, et l'on doit s'attendre à frémir de la tête aux pieds. « Ces hommes prétendent que l'athéisme ne détruit ni le bonheur, ni la vertu, ni les justes autorités de la vie, et qu'il n'y a point de condition où il ne soit aussi profitable d'être incrédule que d'être religieux. » Mais si ces monstres-là veulent propager leur doctrine, ils prêchent sans doute d'exemple. On les voit heureux dans leur intérieur, vertueux dans leurs actions publiques et privées, obéissans aux justes autorités, c'est-à-dire aux lois, et à ceux qui ont été légitimement choisis pour en être les organes ; contens de leur condition et ne calculant jamais ce qu'ils doivent croire ou ne pas croire en religion , pour savoir ce qu'en morale pratique ils ont à suivre ou à éviter. Alors je ne vois pas quel intérêt ils auraient à être des hypocrites, ni ce qu'il y a d'absurde en eux, ni de quel danger ils peuvent être pour la chose publique, ni à quels excès ils pourraient se porter pour soutenir leur système, sans être convaincus par cela même d'en avoir changé.

Et remarquez bien qu'on ne les accuse pas ici d'être des athées ; qu'en effet, d'après les opinions mêmes qu'on leur donne, ils ne doivent ni professer l'athéisme , ni chercher à le propager. On les accuse seulement d'avoir assis leur bonheur , leurs devoirs et ceux des autres sur des bases qu'ils jugent plus solides , moins mobiles et plus universelles que des opinions religieuses. Peut-être cela paraît-il absurde et exécrable *dans les royaumes de la solitude* ; mais dans tout État civilisé , dans toute grande association politique , la question est de savoir si, sans s'inquiéter de ce qui regarde la croyance, qui est une affaire entre Dieu et les hommes , on ne gagnerait pas infiniment à poser sur de tels fondemens l'édifice de la morale, qui est l'affaire des hommes entre eux.

Au lieu de cela, l'auteur examine s'il est de l'intérêt de l'homme malheureux ou de l'homme heureux d'être athée ; ce n'est point du tout là la question. — Tous les grands capitaines de l'antiquité ont été remarquables par leur religion. Fort bien : mais dans cette liste il ne fallait pas, pour l'honneur de la cause, mêler Epaminondas et Scipion avec Alexandre ; Cincinnatus, Fabius, Paul-Emile, Scipion, Caton et Brutus, avec César et avec Auguste : on voit bien à quoi servit à ces deux derniers de rendre hommage à la religion de leur pays, mais on ne voit pas aussi bien à quoi servit à leur pays qu'ils rendissent cet hommage. — *Auguste ne régna qu'au nom des Dieux !* Je ne conçois pas cette inadvertance de l'auteur, qui lui fait choisir un exemple qu'on citerait avec avantage dans un système contraire au sien. Et d'ailleurs tous ces grands capitaines payens ne sont-ils pas bien avancés avec leur croyance en Saturne et en Jupiter, puisque la loi du Christ qu'ils n'ont pu connaître les damne sans rémission et sans exception ? Comment un auteur chrétien va-t-il chercher toutes ses autorités parmi tous ces gibiers d'enfer ?

Des anciens il passe aux modernes ; il triomphe de la crédulité, ou, si l'on veut, de la foi des Saint-Louis, des Duguesclin, des Bayard, des Montmorency, des Turenne : il voit certainement tout aussi bien que moi ce qu'il y aurait à lui répondre ; mais pourquoi encore commencer cette liste par Clovis, *ce fier Sicambre qui, tombant aux pieds d'un prêtre, jetait les fondemens de l'empire français?* Quel rapport y a-t-il donc entre une croyance religieuse et l'ambition d'un fondateur d'empire? Tomber aux pieds d'un prêtre pour se relever avec une couronne, est-ce donc là un acte d'humilité bien méritoire? Est-ce se montrer digne sectateur de celui qui déclarait que son royaume n'était pas de ce monde?

L'auteur est en train de se compromettre par les exemples qu'il cite. Il termine cette revue guerrière par une tirade que je rapporterai toute entière, à cause de l'éloge qu'elle contient des armées de la République. « Enfin de nos jours même, et sous nos propres yeux, est-ce des athées qui ont abaissé la cîme des Pyrénées et des Alpes, effrayé le Rhin et le Danube, subjugué le Nil, fait trembler le Bosphore; qui ont vaincu aux champs de Fleurus et d'Arcole, aux lignes de Weissembourg et aux pieds des Pyramides, dans les vallées de Pampelune et dans les plaines de Bavière; qui ont mis sous leur joug l'Allemagne et l'Italie, le Brabant et la Suisse, les îles de la Batavie et les îles de la Grèce, Munich et Rome, Amsterdam et Malte, Mayence et le Caire? Est-ce des athées qui ont gagné plus de soixante batailles rangées et pris plus de cent forteresses; qui ont rendu vaine la coalition de huit grands empires, et fait trembler les souverains des Indes, derrière toutes les solitudes de l'Asie ? Est-ce des athées qui ont accompli tant de prodiges, ou bien est-ce des paysans chrétiens, de braves officiers qui avaient pratiqué toute leur vie les devoirs de la religion ? On ne voit pas que tous ces grands esprits, qui ne pouvaient s'abaisser jusqu'à croire en Dieu , se souciassent beaucoup d'aller aux combats. Qu'il eût été beau pourtant de voir une armée d'incrédules aux prises avec ces cosaques qui pensent monter au ciel en mourant sur le champ de bataille ! »

Je ne m'arrêterai point à ce qu'il y a de plaisant dans cette fin , qui met au grand jour combien il sert peu , dans ce jeu sanglant des combats, de croire ou de ne pas croire. Soit que ces pauvres Cosaques eussent affaire ou non à des incrédules, on ne pouvait assurément être plus fort qu'eux en croyance , et cependant ils ont été vaincus. L'auteur ne voit-il pas ce qu'on est forcé d'en conclure ?

Je ne répondrai pas non plus à ce qui est en question dans ce passage. Toute la France , toute l'Europe y répondront pour moi. L'Univers entier sait si la religion fut dans tout cela pour quelque chose ; il sait quel fut le cri de ralliement qui électrisa nos invincibles armées ; et dans les mêmes dangers , ce serait encore ce cri magique qui opérerait les mêmes prodiges.

Mais où l'auteur a-t-il donc pris l'idée qu'il a de leur composition ? Il n'y voit que des paysans chrétiens et de vieux officiers dévots. Il serait tems qu'il s'instruisît un peu mieux des circonstances mémorables qui sauvèrent cette France qu'il vient catéchiser aujourd'hui.

Tous les gens qui cultivent leur esprit, qu'il désigne ironiquement par ce titre de *grands esprits*, et qu'il accuse de ne pouvoir *s'abaisser jusqu'à croire en Dieu*, par cette habitude où il est de réputer athée quiconque ne possède pas au même degré que lui le don de croire, ne purent pas sans doute *aller aux combats :* l'âge, la faible santé de plusieurs, les habitudes de leur vie, la certitude qu'ils pouvaient servir autrement qu'en faisant ce que tout soldat pouvait faire, les retinrent dans leurs foyers ; mais un plus grand nombre encore, parmi cette jeunesse valeureuse qui sortit en foule de nos villes, porta dans les camps français une fleur de talens, de connaissances, d'idées philosophiques et de sentimens élevés qui ne s'est jamais vue dans aucune armée du monde ; et c'est ce qui, joint à ce grand nom de la République, et à cet amour pour la liberté, exalté jusqu'à l'enthousiasme, les rendit capables de ces exploits qui ont étonné la terre.

Si ceux que l'auteur désigne avec cette ironie amère ne purent les suivre, du moins ils ne désertèrent point leur patrie ; ils n'allèrent point rêver et faire des romans sur les Apalaches ou aux bords du Meschacébé , pendant que le sort des combats décidait si elle serait libre ou esclave, entière ou démembrée , glorieuse et triomphante, ou couverte de misère et d'opprobre. Ils bravèrent plus que les armées ennemies : ils restèrent exposés à ces proscriptions terribles qui en moissonnèrent un plus grand nombre que n'aurait fait le fer des Autrichiens et des Russes. Enfin , si la fortune avait trahi la grande et juste cause de la République, ils se seraient ensevelis sous ses ruines. Il n'y a rien là , je pense, qui appelle ou qui justifie le sarcasme et la dérision.

Des généraux et des armées , l'auteur s'élève jusqu'aux gouvernemens et aux chefs mêmes des empires. Il demande si ceux qui gouvernent les peuples doivent nier la divinité. — Et pourquoi la nieraient-ils ? Qui le leur a jamais conseillé ? Mais si cette question est étrange , celles qui la suivent le sont bien davantage. « Et en vertu de qui règnent-ils donc ? D'où leur est venue leur puissance ? Quel droit ont-ils de commander , et qui force les peuples à se soumettre ? (1) » Et là-dessus il cite Spinosa, qui a dit : *La religion peut seule expliquer le miracle*

---

(1) T. I, p. 275.

de l'obéissance. On voit qu'il s'est reporté aux tems et aux lieux où Spinosa écrivait, en insinuant très-clairement que les chefs, ou comme il les appelle, *les maitres* des empires ne tiennent leur autorité que de Dieu, et que cette croyance seule rend les peuples obéissans.

Sans doute il avait fait du progrès dans la science sociale, lorsqu'à la fin de son quatrième volume, il a rendu hommage en ces mots au système représentatif. « Ce fut (1) une grande et féconde idée politique que cette division des trois ordres. Totalement ignorée des anciens, elle a produit chez les modernes le système représentatif, qu'on peut mettre au nombre de ces trois ou quatre découvertes qui ont créé un autre Univers. »

Cet aveu clair et positif, est précieux sous plus d'un rapport. Laissons à l'auteur son admiration pour l'invention des trois ordres ; et n'y considérons avec lui que ce qu'il en regarde comme la suite.

Premièrement, la division par ordres, telle qu'elle était dans les *états-généraux*, n'était pas le régime représentatif, puisque, de l'aveu de l'auteur même, c'est cette division qui nous y a conduits. Secondement, le vrai système représentatif vaut mieux que celui de la division des

____

(1) T. IV, p. 311.

ordres, puisque l'idée de cette dernière est appelée *grande et féconde*, seulement parce qu'elle a produit ce système. Enfin, le système representatif est ici reconnu pour ce qu'il est en effet, pour *une de ces trois ou quatre grandes découvertes qui ont créé un autre Univers.*

Je pourrais appliquer ici ce vers d'un de nos maîtres : (1)

> Voilà ce que l'on dit? Eh! que dis-je autre chose?

Que disons-nous, depuis dix ans, nous autres républicains, à ceux qui ne veulent pas de la République ? Que disaient, dès 1789, aux partisans des trois ordres, ceux qui les voulaient détruire et qui les ont détruits? Quel système ont défendu nos quatorze armées républicaines, et contre quel système s'était coalisée toute l'Europe monarchique? N'est-ce donc pas le système représentatif, *l'une de ces grandes découvertes qui ont créé un autre Univers ?* — Que voulaient donc tous ces paladins d'épée et de plume qui féraillaient ou écrivaillaient pour les trois ordres, sinon les empêcher de produire un meilleur système? Ce peu de mots d'un auteur si peu suspect, et qui sont l'exacte vérité, sont fertiles en conséquences : ils suffisent seuls pour juger la révolution toute entière.

---

(1) Boileau.

Mais si le système représentatif et deux ou trois autres découvertes ont créé un autre univers, ne s'en suit-il pas encore qu'il faut à l'univers renouvelé de nouvelles institutions, et que celles de nos pères, loin d'être bonnes et préférables par cela seul qu'elles sont anciennes, pourraient bien par cela même ne valoir plus rien pour nous ? Ceci pourrait fournir encore une assez longue série de conséquences.

La dernière que je tirerai de toute cette digression, sera de me servir de cet aveu fait par l'auteur dans son quatrième volume, pour répondre aux questions qu'il a faites dans le premier. Ces questions pourraient tout au plus être bonnes dans les pays où le système représentatif n'est pas connu, et où *les maîtres* des empires ne règnent que de par Dieu et leur épée ; mais partout où cette grande découverte est venue avec d'autres découvertes modernes exercer son influence créatrice, si l'on demande, comme l'auteur, aux chefs des gouvernemens : *En vertu de qui régnez-vous ?* Ils répondront sans hésitation et sans embarras : En vertu du peuple qui nous a élus, ou qui a sanctionné notre élection par son consentement. — *D'où vous est venue votre puissance ?* Elle nous est venue de ce consentement ou de cette élection même. — *Quel droit avez-vous de commander ?* Nous vous l'avons dit, celui qui nous a été conféré par le peuple, ou qu'il reconnaît en nous. — *Et qui force les peuples à se soumettre?* Personne ne les y force ni ne pourrait les y forcer ; leur libre consentement a tout fait et fait tout encore. — Mais Spinosa et son axiôme, que *la religion peut seule expliquer le miracle de l'obéissance*, qu'en dites-vous ? — Nous disons que sur ce point, comme sur beaucoup d'autres, Spinosa qui a combattu des erreurs en a commis lui-même, ou a payé tribut à celles de son tems. On n'a besoin ni de la religion, ni d'autre chose pour expliquer un miracle qui n'existe pas : or il n'y a point de miracle à ce qu'un peuple obéisse à des lois votées par ses représentans, et dont l'exécution lui est ordonnée par les magistrats qu'il reconnaît ou qu'il choisit lui-même.

C'est ainsi que se dénoue facilement et sans nul effort, dans un ordre de choses raisonnable, ce qui paraît à ceux qui l'ignorent ou qui s'y tiennent étrangers, hérissé de difficultés, d'objections embarrassantes et de questions insolubles.

ARTICLE SECOND.

Notre auteur est peu difficile en transitions ; après avoir épuisé tout ce qui regarde la croyance et le dogme, il déclare que ce sujet *le mène naturellement à parler des effets du christianisme dans la poësie, la littérature et les beaux-arts*. Naturellement ou non, cette partie qu'il intitule, *Poëtique du Christianisme*, est la principale : on voit que c'est pour elle que le reste est fait, et peut-être aurait-il dû s'y borner ; mais dans cette partie même, qui contient deux volumes entiers, on retrouve à chaque instant les mêmes vices que dans la première. Ces vices, je suis fâché de le dire, constituent en quelque sorte le fond de ce malheureux ouvrage, et celui de la manière et du style de l'auteur.

Il fait d'abord une revue des principaux poëmes où le merveilleux du christianisme remplace la mythologie ; et le premier qui s'offre à lui est celui de Dante. On est surpris qu'il n'en parle qu'en douze lignes, et seulement pour dire qu'il n'en dira rien. Son prétexte est que ce poëme, étant d'une nature toute épisodique, soutiendrait mal une analyse régulière. Il promet de revenir sur les détails, et il n'y revient dans la suite que pour rappeler deux ou trois principaux traits connus de tout le monde. Tout prouve que cette production originale, qui est à la vérité très-peu connue et très-mal appréciée en France, lui est entièrement étrangère. Elle tenait pourtant indispensablement à son sujet. La *Divina Comedia* est le premier élan du génie poëtique des tems modernes. Après douze siècles de barbarie, et du sein de la profonde nuit que l'ignorance totale et ensuite le faux savoir de la théologie scolastique avaient étendue sur l'Europe, elle s'éleva comme un phare, et donna le signal de la renaissance des arts et du génie. Sa forme est épisodique sans doute, mais son plan est hardi, neuf, extraordinaire ; son caractère est empreint non-seulement du génie mélancolique du poëte, mais de ces fureurs de l'esprit de parti qu'allument toujours les guerres civiles, et de ces idées sombres qu'avaient généralement répandues dans ce siècle, de grands malheurs, de grands crimes, des croyances tristes et des prédictions funestes. Ce plan, et surtout ce caractère, demandaient un peintre et ne l'ont point trouvé.

La Jérusalem du Tasse est mieux traitée, quoiqu'il n'y ait de vraiment bien dans ce que l'auteur en dit que ce que d'autres en ont dit avant lui. Il entreprend ensuite un parallèle entre Homère, Virgile et le Tasse. Il attribue le génie au premier, le sentiment au second, l'imagination au troisième. Mais qu'est-ce donc que le génie sans sentiment et sur-tout sans imagination ? La faculté de créer, d'inventer, n'est-elle pas ce qui caractérise éminemment le génie, en poësie comme dans tous les arts ? Est-ce bien d'ailleurs l'imagination qui distingue spécialement le Tasse? Les Italiens qui savent ce qu'il a emprunté à Homère, à Virgile, aux poëtes romanciers qui l'avaient précédé, n'en conviennent pas.

Ce n'est pas tout; on peut dire, selon M. de Châteaubriand, qu'Homère est le soleil, Virgile la lune, et le Tasse l'étoile de Vénus. Non, en vérité, on ne le peut pas dire, quelque soin qu'il prenne d'expliquer dans une périphrase cette dernière ressemblance. Sa périphrase ne prouve rien, sinon qu'en la finissant il a oublié, comme dans mille autres endroits, le ton convenable à un ouvrage tout chrétien. Il devait renvoyer à une poëtique profane cet astre *dont le lever sur l'horizon annonce l'heure de la volupté.*

> Par de pareils objets les ames sont blessées,
> Et cela fait venir de coupables pensées.

Il parle en général plus convenablement de Milton que du Tasse; et l'on voit qu'il le connaît mieux. Les femmes, dont il s'occupe souvent, lui pardonneront d'avoir approuvé l'Homère anglais qui les appelle : *Fair defect of nature*, « beau défaut de la nature. » Elles lui pardonneront en faveur de l'explication qu'il donne de leur penchant au plaisir, et de l'excuse qu'il leur fournit pour ce *défaut*, source aimable de presque tous les autres. « Telles femmes, dit-il, pendant la terreur avaient donné des preuves multipliées d'héroïsme, de qui la vertu est venue échouer contre un bouquet de fleurs, une fête ou une mode nouvelle. » Mais qui pourrait leur en faire un reproche quand il ajoute : « Ainsi s'explique une de ces grandes et mystérieuses vérités cachées dans les écritures ! ,, Et comment voudriez-vous que des créatures faibles entreprissent de faire mentir les écritures, qui sont essentiellement la vérité?

Demanderez-vous comment et en quoi la Bible a dit que les femmes les plus fortes céderaient ainsi à des fêtes, à des modes et à des fleurs ? Écoutez et retenez bien ceci. « En condamnant la femme à enfanter avec douleur, Dieu lui a donné une force invincible contre la peine ; mais en même tems, et en punition de sa faute, il lui a ôté toute puissance contre le plaisir. ,, Vous voyez bien que, d'après cette interprétation nouvelle des faiblesses de la femme, pourvu que ce soit au plaisir qu'elle cède, vous n'avez, et Dieu lui-même n'a rien à lui dire. L'enfantement avec douleur et l'impuissance absolue de résister au plaisir étant contenus dans le même arrêt, il n'est pas plus en son pouvoir de se soustraire à l'un qu'à l'autre. Jehovah ne peut la punir de ce qui est déjà une punition ; et à qui siérait-il d'être plus sévère que Jehovah?

Une observation très-juste, parmi celles que l'auteur fait sur la *Henriade*, mais qu'il n'a pas faite le premier, c'est que dans ce poëme, dont le christianisme est en quelque sorte le sujet, il n'y a pas assez des rites, des cérémonies, des croyances, en un mot du merveilleux propre à

cette religion. Il indique quelques-uns des res-
sorts que le poëte aurait dû employer ; mais est-il
bien vrai qu'*il eût pu trouver chez nos Saintes des
puissances aussi grandes que celles des Déesses antiques, et des noms aussi doux que ceux des Graces ?*
Chez une nation déjà revenue de bien des illusions, et prompte à saisir le côté ridicule des
choses, telle que la nôtre l'était au sortir de la
régence, c'était une machine poëtique bien dé-
licate à manier qu'une Sainte. Il y en a sans
doute de fort aimables, celles surtout, et Made-
laine n'est pas la seule, à qui il a été pardonné
parce qu'elles ont beaucoup aimé ; mais avec ces
maudits Français, il ne faudrait dans un sujet
grave qu'un mot qui rappelât quelque fait,
quelque allusion, quelque bruit populaire, pour
en déconcerter la gravité ; et voilà une Sainte
compromise.

Notre auteur regrette beaucoup les saintes
bergères : Géneviève surtout lui tient au cœur.
Il ne manque pas de la désigner par sa fonction
distinctive qui était, comme on sait, *de protéger
avec une houlette* (arme un peu faible) *l'empire de
Clovis et de Charlemagne.* Mais à l'entendre, la
France avait à cette Sainte une autre obligation
que personne n'avait encore reconnue, et que
l'abbé Millot a oubliée dans son histoire des
Troubadours, « De qui *les gentilles Gaules* tien-
draient-elles leurs Troubadours, leur parler

naïf et leur penchant aux graces, si ce n'était du chant pastoral, de l'innocence et de la beauté de leur patronne?,, Si c'est à Géneviève que la France a dû ses Troubadours, si c'est elle qui fut leur muse, ceux qui connaissent les poësies, quelquefois tendres et galantes, mais souvent un peu gaies de ces rimeurs du bon tems, conviendront que la Sainte n'était pas trop collet monté, et qu'elle avait quelquefois le petit mot pour rire.

Dans les livres suivans, l'auteur entre plus particulièrement dans son sujet; il examine les rapports de la poësie avec les hommes, d'abord quant aux caractères, ensuite à l'égard des passions. Il divise les caractères en naturels et sociaux : les premiers sont les époux, le père, la mère, le fils, la fille ; dans les seconds, il ne considère que le prêtre et le guerrier. Il établit dans autant de chapitres, que tous ces différens caractères ont reçu de la religion chrétienne un perfectionnement qui se remarque dans les ouvrages soit épiques, soit dramatiques, dont le sujet est tiré de cette religion. L'on pourrait n'être pas toujours de son avis dans les comparaisons qu'il fait de quelques scènes célèbres de l'antiquité avec des scènes modernes; on pourrait aussi ne pas confondre, comme il le fait toujours, ce qui est l'effet du christianisme avec ce qui lui est contemporain : mais on ne peut méconnaître un mérite réel dans cette partie de son travail ; elle a, surtout pour les admirateurs des anciens, celui d'un sentiment profond de leurs beautés : l'auteur ne leur préfère que des beautés d'un ordre qu'il regarde comme surnaturel ; il les met au-dessus de tout le reste.

Parvenu au caractère du guerrier, il soutient, d'après l'idée qu'il se fait *du beau idéal*, la supériorité des tems chevaleresques sur les tems héroïques ; et il rapporte cet avantage au christianisme. Tout cela peut également se soutenir et se combattre ; mais il fallait rester dans ces thèses générales et ne pas aller jusqu'à établir un parallèle suivi entre le chevalier et le vrai chrétien ; car dans l'énumération de leurs vertus, il s'en trouve dont le rapprochement fait remarquer entr'eux des différences trop sensibles.

Par exemple : « Le chevalier s'en allait à travers le monde, secourant la veuve et l'orphelin. Voilà la charité chrétienne. » Je veux que jamais les chevaliers ne courussent d'aventures que pour exercer ces bonnes œuvres, reste toujours leur manière un peu brutale de pratiquer la charité chrétienne. Ce n'est point, si je ne me trompe, à grands coups de lance, de dague et d'épée à deux fendans, que l'évangile recommande aux hommes d'exercer entr'eux la charité.

« Le chevalier était tendre et délicat en amour. » En accordant que cela fût toujours ainsi, vous ne croyez peut-être pas que c'était encore un produit de l'évangile. Qu'ont en effet de commun les principes de la loi du Christ avec ces folies amoureuses de nos preux qui s'en allaient féraillant partout, et contre tous, pour la beauté de leur dame ? L'auteur répond à cette question par une autre : « Et de qui auraient-ils reçu *cette douceur*, si ce n'était d'une religion humaine qui porte toujours au respect pour la faiblesse ? » Il ne s'arrête pas en si beau chemin, et n'est content que quand il a cité Jésus-Christ lui-même comme le type et le premier modèle des chevaliers dans leurs amours ; et cela parce que Jésus-Christ, dans l'évangile, *parle avec bénignité aux femmes*. Pour de malheureux profanes, il n'y a là que de quoi sourire ; mais avec un certain degré de cette foi que M. de Châteaubriand voudrait inspirer à tout le monde, on y trouverait du scandale, et l'on se croirait le droit de s'en fâcher.

Quand l'auteur vient à traiter de la poësie sous le rapport des passions, il entreprend de démontrer qu'un bon chrétien est mieux initié qu'un autre dans les secrets de leur peinture ; mais il pose dès son premier chapitre *un principe* qui suffit seul pour ôter toute créance à ce qu'il dit. *On ne saurait trop*, dit-il, *analyser la pensée ;*

(ce qui, par parenthèse, absout les *idéologues* et répond aux anathêmes lancés contre eux) mais *il n'en est pas ainsi des sentimens*. « Vouloir les approfondir, n'est pas preuve de savoir, mais d'ignorance ; il ne faut pas toujours laisser tomber la sonde dans les abîmes du cœur : les vérités qu'il contient sont du nombre de celles qui demandent le demi - jour et la perspective, etc. » Et si vous n'approfondissez pas les sentimens, comment voulez-vous les peindre ? Si le cœur a des abîmes où vous n'osiez pas jeter la sonde, comment les connaîtrez-vous ? Prétendre qu'on ne doit examiner qu'au demi-jour et dans la perspective les vérités qu'il contient, n'est-ce pas avouer clairement que ce ne sont point ces vérités que vous voulez connaître et que vous voulez peindre, mais ce qu'il conviendra au succès de vos opinions que vous preniez vous-même, et surtout que vous donniez pour des vérités ?

« Les mystères du cœur sont comme ceux de l'antique Égypte ; tout profane qui cherche à les découvrir, sans y être initié par la religion, est subitement frappé de mort. » Il est vrai que l'auteur n'entend ici que la mort morale, cette mort de l'ame, qu'il prétend être une suite nécessaire de l'imprudence d'appliquer son jugement à la partie sensible de son être : mais cette mort est assez terrible pour qu'on puisse craindre d'en courir le danger. Il reste toujours à savoir comment vous pourrez peindre les passions humaines, ou juger ceux qui les ont peintes, ou ce qui est plus essentiel, les modérer et les combattre en vous, si vous ne mettez pas tous vos soins à pénétrer les mystères de votre cœur : il reste aussi à juger de la justesse de toute cette doctrine que l'on peut résumer ainsi : L'intérêt de la religion est que nous n'apprenions que par elle les vérités que contient notre cœur ; nous ne devons donc pas les examiner ni chercher à les découvrir sans y être initiés par elle.

Dans quels embarras on se jette, dans quel cercle vicieux on tourne, quand on s'est fait des vices et des vertus de fantaisie, quand on s'obstine à échafauder une morale sur d'autres bases que l'ordre de la nature modifié par l'ordre social ; surtout lorsqu'on va jusqu'à imaginer des vertus contraires et à l'un et à l'autre ! Alors on trouve toujours en révolte les secrettes affections du cœur ; alors naissent des orages et des combats sans fin ; et la nécessité de se fuir soi-même, et la crainte d'étudier à fond ses propres sentimens, et toute cette théorie alambiquée de perspective, de demi-jour, de voiles qu'on ne peut soulever, et d'abîmes que l'ame ne peut sonder sans *mourir de mort.*

Que tout cela soit favorable aux passions, à leur exaltation, et par conséquent, sous un certain rapport, à la poësie épique et dramatique qui s'alimente de leurs mouvemens et de leurs effets, je ne dis pas le contraire ; mais je nie que ce soit-là un système moral utile à l'homme en société ; et je soutiens qu'il est urgent d'en établir un autre plus convenable au point où sa raison est parvenue, mais qui n'ait pas, comme tous ceux qu'on a proposés jusqu'ici, le défaut de laisser oisive la sensibilité de l'homme et de ne vouloir parler qu'à sa raison.

Qu'oppose à cela l'auteur de cet ouvrage ? Des contradictions et des chimères. Il veut une morale, mais toute religieuse ; il veut une religion, mais toute poëtique ; il veut enfin que cette religion soit le christianisme ; et méconnaissant en elle ce caractère sombre et sévère qui damne pour un desir et punit une pensée par d'éternels supplices, il assure qu'elle a charmé l'esprit par un rayon de lumière, *sans détruire la partie poëtique de l'ame en lui ôtant le champ des découvertes et des desirs :* il pose en fait que l'expression dramatique des passions a gagné cent pour cent à l'établissement du christianisme ; que si la Phèdre de Racine, par exemple, est supérieure à celle d'Euripide, c'est que Racine était chrétien, ce qu'en effet Euripide n'était pas, et que la Phèdre française est la *chrétienne réprouvée, la pécheresse tombée vivante entre les mains de Dieu ;* que dans la *dévote* Julie, l'amour est une voix troublée qui sort *d'un sanctuaire de paix* ; un cri d'amour (1) *que prolonge en l'adoucissant, l'écho religieux des tabernacles* ; choses que personne n'avait encore aperçues dans *la Nouvelle Héloïse*, et qui changent en livre de piété ce roman jusqu'à présent regardé comme tant soit peu profane ; que la véritable *Héloïse*, l'amante d'Abailard, celle qui nous a laissé des lettres enflammées, offre *la nature rébelle, saisie toute vivante par la grace, et qui se débat vainement dans les embrassemens du ciel*, image très-vive et très - passionnée, en supposant qu'on entende ce que c'est que *les embrassemens du ciel*, mais qu'on pourrait à la rigueur trouver médiocrement chrétienne.

Il finit par considérer comme une passion le christianisme lui-même ; et son style très-propre en général à exprimer des affections désordonnées, s'assortit ici naturellement au sujet. Il peint cette beauté dont le chrétien passionné est épris, *ne se montrant ici-bas à ses amans que voilée, et s'enveloppant dans les replis de l'Univers comme dans un manteau.* (Ainsi ce ne sont plus les cieux qui montrent cette beauté, *cœli enarrant*, ce sont les cieux qui la cachent). « Car ajoute-t-il, si un seul de ses regards tombait directement sur le

---

(1) Passons sur cet *amour* qui est *un cri d'amour* ; laissons les mots et ne pensons qu'aux choses.

cœur de l'homme, il ne pourrait le soutenir, *il se fendrait de délices.* „

Un des grands mérites qu'il trouve dans cette passion, et qu'elle a en effet, si tant est qu'on puisse appeler cela un mérite, c'est qu'elle est *profondément mélancolique,* et qu'*elle nous traîne à l'ombre des cloîtres et sur les montagnes.* Reconnaissons, si l'on veut, cette propriété comme très-favorable à certains genres de poësie; mais n'existe-t-il donc point de passions plus généreuses et surtout plus sociales, dont on puisse remplir et rassasier le cœur de l'homme? Soyons de bonne foi; quand il serait vrai que ces Antoine et ces Jérôme *combattant dans le désert corps à corps avec leurs passions,* armés contre elles de pleurs et de jeûnes, ou chargeant de lourds fardeaux leurs épaules pour dompter une chair révoltée; que ce Polyeucte même, dont Corneille a prouvé que le caractère était très-poëtique, si toutefois il n'a pas prouvé mieux encore qu'il était très-propre à faire ressortir le caractère éminemment poëtique de Pauline; enfin, quand il serait vrai que tous ces caractères passionnés, c'est-à-dire fanatiques, seraient poëtiques et dramatiques par excellence, il n'en résulterait rien en faveur de la religion qui les rendrait tels; il n'en résulterait pas surtout que l'on dût les choisir ou les présenter pour modèles, à moins que, parce qu'elles sont très-poëtiques et trèsdramatiques, les familles de Pélops et d'Atrée ne soient aussi pour les familles des modèles à offrir et à suivre.

Mais voici une autre propriété du christianisme que l'auteur regarde comme une de ses *beautés*, et dont il est possible que les profanes jugent tout autrement; c'est de jeter l'ame dans ce qu'il nomme le *vague des passions*. Dans cet état, qui est ici fort bien dépeint, et pour cause, à ce qu'il me semble, « on est détrompé sans avoir joui; il reste encore des desirs, et l'on n'a plus d'illusions. L'imagination est riche, abondante et merveilleuse, l'existence pauvre, sèche et désenchantée. On habite avec un cœur plein un monde vide, et sans avoir usé de rien, on est désabusé de tout. » Si l'on demande à quoi un homme ainsi constitué est propre dans le monde, et ce que la société gagne surtout à contenir beaucoup de ces hommes-là, il sera difficile de répondre. Eh bien! c'est dans le christianisme que M. de Châteaubriand reconnaît franchement la source de cette maladie de l'ame, inconnue aux anciens; il reconnaît que cette religion *fait dans le cœur une source de maux présens et d'espérances lointaines d'où découlent d'inépuisables rêveries.* « Le chrétien, ajoute-t-il, se regarde toujours comme un voyageur qui passe ici-bas dans une vallée de larmes, et qui ne repose qu'au tombeau. Le monde n'est point l'objet de ses vœux, car il sait que *l'homme ne vit que peu de jours*, et que cet objet lui échapperait vîte. " Que disent de plus fort contre le christianisme, ceux qui prétendent qu'il est essentiellement anti-social, essentiellement contraire à la prospérité des Etats, et qu'avec ses affections de l'autre monde, il n'est bon dans celui-ci, que pour les ambitieux qui savent fort bien tourner ces rêveries à leur profit ?

" Il ne faudrait que joindre quelques infortunes à cet état rêveur des sentimens, pour qu'il pût servir de fond à un drame admirable. " — Oui, à un drame comme *le Comte de Cominges*, par exemple, ou comme d'autres gaîtés de cette espèce ; mais en le supposant aussi *admirable* qu'on voudra, s'il n'y a pas d'inconvénient pour la société à y répandre le goût de ces sortes de drames, on conviendra qu'il y en a beaucoup à en multiplier les héros. Quoi qu'il en soit, les écrivains modernes ne s'étant pas, à son gré, suffisamment exercés dans ce genre, et ne fournissant pas assez d'exemples de ces passions vagues, et de ces profondes mélancolies, il y supplée par un épisode " tiré, comme *Atala* de ses anciens *Natchez :* par la vie de ce jeune René à qui Chactas a raconté son histoire. "

C'est en ces propres mots, et sans plus de façons, que cet épisode est annoncé. Or il est bien vrai que le roman d'*Atala* qui fait partie de cet ouvrage, et qui ne se trouve qu'à la fin du volume suivant, a été publié à part, qu'il a eu plusieurs éditions, et que presque tous ceux qui liront *le Génie du Christianisme*, ont déjà lu *Atala*; mais enfin il serait possible à tout prendre, qu'ils n'en eussent pas eu le plaisir. On leur parle cependant des Natchez, de René, d'Atala, de Chactas, comme de gens de leur connaissance; que peuvent-ils entendre à tout cela? Il est vrai encore que l'auteur prévient dans sa préface que *René* qui devait d'abord suivre *Atala*, le précède; qu'arrive-t-il? on croit que cela n'y fait rien, et qu'il n'importe guère

Que *René* soit devant ou *René* soit derrière;

Mais ce n'est pas une transposition aussi indifférente; et le fait est qu'en commençant l'histoire de *René*, on n'en comprend pas un mot.

L'auteur a beau vous dire dans une note: «Voyez *Atala* à la fin du 3e tome.» Faut-il donc lire *Atala* toute entière, qui est deux ou trois fois plus longue que *René*, pour savoir ce que *René* veut dire? D'ailleurs l'histoire de *René* est amenée par *le vague des passions*; celle d'*Atala* vient à propos *des harmonies physiques et morales* du christianisme; faut-il lire *les harmonies* avant *le vague des passions*? Ou est-il égal de lire soit *Atala* soit *René*, après les unes ou après l'autre! Il eût été bon que l'auteur s'occupât un peu de ces difficultés.

En reprenant le cours de sa poëtique, il examine le christianisme sous le rapport du merveilleux, et le met à cet égard comme à tous les autres, bien au-dessus du polythéisme. Les anciens, selon lui, n'ont point connu la poësie descriptive ; elle est née du christianisme, et il en trace l'histoire : ensuite Dieu, les Anges de lumière, ceux de ténèbres, et les Saints effacent poëtiquement tous les Dieux et les Demi-Dieux de la fable. Il compare dans les deux mythologies ce qu'il nomme *les machines poëtiques ; Vénus* dans le bois de Carthage et *Raphaël* au berceau d'Eden ; le songe d'*Enée* et celui d'*Athalie ;* les voyages des *Dieux* homériques et celui du *Satan* de Milton ; *l'Enfer* et *le Tartare ; le Paradis* et *l'Elysée ; le Purgatoire*. . . . . Oh ! pour celui-là, il manque de point de comparaison ; il est tout entier de fabrique moderne ; et certes ceux qui l'ont inventé ne pensaient pas à en faire une machine poëtique ; ils ne songeaient pas comme notre auteur aux moyens d'y produire *tous les charmes du sentiment ;* ils avaient des vues plus *solides*, et ces vues ont été pendant long-tems surabondamment remplies ; il y a du déchet maintenant, et il n'est pas sûr, quoi qu'on fasse, que cette machine usée soit remise en son premier crédit, ni surtout qu'elle produise désormais d'aussi fortes recettes.

M. de Châteaubriand n'oublie cependant rien

pour en ragoûter ses lecteurs. Il va jusqu'à proposer d'y placer *de plus douces souffrances , dans les chants du rossignol , dans les parfums des fleurs , dans le bruit des fontaines , ou dans des affections purement mentales.* On ne peut assurément s'expédier de meilleure grace ; mais il est à craindre que le coup ne soit porté sans ressource. C'est , si l'on veut me pardonner la comparaison , comme un théâtre ou un journal une fois tombés en discrédit. On a beau promettre sur les affiches ou sur le titre les plus belles choses du monde : le public a pris son pli , et l'on n'y peut rappeler ni spectateurs ni souscripteurs.

Le zèle rend difficile ; car dans le paradis même, où l'on nous promet tant de plaisirs, l'auteur ose trouver de l'uniformité , de la froideur ; mais il en a imaginé le remède , et il le propose naïvement. « Nous pensons , dit-il , que *pour éviter la froideur qui résulte de l'éternelle et toujours semblable félicité des justes* , il faudrait d'abord essayer d'établir dans le ciel une espérance , une attente quelconque *de plus de bonheur*, ou de quelque grande époque inconnue dans la révolution des êtres. Ensuite , on y pourrait rappeler davantage les choses humaines , soit en tirant des comparaisons , soit en donnant des affections *et même des passions* aux élus. » Je ne suis pas d'humeur à rejeter cette réforme, et je lui donne ma voix de tout mon cœur ; mais

que diront les ames dévotes en lisant ce projet
d'un paradis avec des variations ? Dans d'autres
tems , dans des tems que l'auteur regrette et s'efforce de rappeler , que lui eût valu cette tentative
d'une révolution dans le ciel ? O Sorbonne ! où
est ton aiguillon ? O Episcopat français ! où est
ta puissance ?

Le christianisme n'est pas moins favorable
aux beaux arts qu'à la poësie : il ne l'est pas moins
à toutes les parties de la littérature , philosophie,
histoire , éloquence , qu'à la poësie et aux arts ;
c'est-là ce que l'auteur se propose de démontrer
dans les quatre livres suivans. Je ne le suivrai
point dans ses démonstrations ; on connaît désormais son système et sa ferme résolution de
voir la religion chrétienne dans tout ce qu'of-
frent de bon les tems modernes ; l'irréligion dans
tout ce qu'ils ont de mauvais ; et leur supériorité sur tout ce qu'ont produit les tems anciens,
par le seul effet du christianisme. Cela m'enga-
gerait d'ailleurs dans une discussion du fond
que j'ai résolu d'éviter , et que, selon toute ap-
parence , nos lecteurs ne regretteront pas.

Quant à sa manière, elle est toujours la même;
seulement, comme il paraît moins familier avec
les beaux-arts qu'avec la poësie , il a mis dans
ce qui les regarde encore plus d'expressions vagues, exagérées et dépourvues de justesse. Cela
est sensible surtout pour la musique. Je ne dis

pas que la religion ne lui ait été très-favorable ;
mais ce n'est pas du tout dans le sens où il l'entend, ce n'est pas parce qu'elle est *fille des harpes
et du torrent*, ni parce qu'il n'y a rien de plus
religieux *que les cantiques que chantent avec les
vents , les chênes et les roseaux du désert*. Il y avait
un bon chapitre à faire sur les services rendus à
la musique moderne par la religion romaine,
et sur ceux que la musique lui a rendus à son
tour ; mais il aurait fallu connaître, si non l'art
même, au moins l'histoire de l'art. Alors on
aurait dit quelque chose de signifiant et de raisonnable ; on se serait surtout gardé de donner
cette singulière leçon de composition musicale.
« Le musicien qui veut suivre la religion dans
tous ses rapports est obligé d'apprendre l'imi-
tation *des harmonies de la solitude*. Il faut qu'il
connaisse ces notes mélancoliques *que rendent
les eaux et les arbres ;* il faut qu'il ait étudié *le
bruit des vents dans les cloîtres ,* et ces murmures
qui règnent *dans l'herbe des cimetières ,* dans les
souterrains des morts et dans les temples gothiques (1). » Je puis affirmer à M. de Châteaubriand qu'il ne faut à un compositeur rien, absolument rien de semblable , que ni le grand Pales-
trina au 16ᵉ siècle, ni Durante, ni Pergolèse au
18ᵉ, eux qui ont tant de fois , dans des solen-

____

(1) Tome III, p. 4.

nités religieuses , touché, transporté les cœurs et fait couler de pieuses larmes , ni aucun de leurs rivaux ou de leurs plus fameux élèves ne se sont jamais avisés de faire de pareilles études, et que si on leur avait conseillé , pour composer leur *Miserere*, leur *Messe des morts* ou leur *Stabat*, d'aller écouter le bruit des eaux , celui des vents, ou les murmures de l'herbe du cimetière de leur paroisse , ils auraient pris cela pour une mauvaise plaisanterie.

Mais comment l'auteur ne voudrait-il pas qu'on mît *en musique* les bruits du désert et des forêts , puisqu'il prétend même que la religion chrétienne a appris à les mettre *en architecture ?* Je n'invente rien ; c'est ce qui résulte des pures expressions du texte. « L'architecte chrétien, non content de bâtir des forêts (1) , a voulu, pour ainsi dire , *en bâtir les murmures ;* et au moyen de l'orgue et du bronze suspendus, il a *attaché* au temple gothique *jusqu'au bruit* des vents et des tonnerres qui roule dans la profondeur des bois (2). » J'ai souvent été frappé de ce qu'aperçoivent dans les productions des arts ceux qui n'y voient pas ce qui y est réellement : tout ceci en est un nouvel exemple.

---

(1) Pour entendre ceci, autant du moins qu'il est possible , il faut savoir que, selon notre auteur, les décorations intérieures des églises gothiques retracent les antiques forêts des Gaules.

(2) Tome III, p. 27.

On y voit toujours aussi ce goût dominant de l'auteur pour les choses du désert, des forêts, de la solitude. On dirait que son livre serait l'ouvrage de ce *René* dont il a décrit les rêveries et les passions vagues. Or, je m'en rapporterais bien à ce *René* pour être ou le héros ou l'auteur de quelque roman mélancolique, mais point du tout pour composer un livre de littérature ou de philosophie morale. Enfin, il porte si loin cette manie, qu'il regarderait comme imparfait le bonheur des élus, si dans le ciel, où il se figure d'une part *des campagnes habitées*, il n'y avait point de l'autre *des lieux déserts* pour la satisfaction des saints hermites ; et si , « de même qu'ils ensevelirent leurs vertus *dans les solitudes de la terre*, ils ne pouvaient choisir les *solitudes célestes* pour y cacher leur bonheur. »

C'est dans son livre sur les *harmonies* que se trouve cette addition à ses idées de réforme pour le paradis. Il y traite d'abord des *sites des monumens religieux*, tels que *les hermitages*, *les couvens maronites*, *cophtes*, etc., et ensuite *des ruines*, par où finissent ou doivent finir tous ces monumens ; et il appelle cela *des harmonies physiques* du christianisme. Il passe aux *harmonies morales*, et il place au premier rang *les dévotions populaires*. Que place-t-il au second ? Nous n'en saurons rien ; car *les dévotions populaires* sont les seules *harmonies morales* dont il parle. Il reprend ensuite, ou, comme il le dit, il *confond* toutes ces harmonies ; et pour *achever de repeindre les effets du culte et de la morale évangélique avec nos passions tumultueuses et les scènes paisibles de la nature*, il raconte les aventures d'*Atala* et de *Chactas*.

C'est ainsi, et sans autre cérémonie, qu'est ajusté à cet ouvrage le petit roman d'*Atala*, qui a fait dans le monde un si grand bruit. On en a trop parlé pour qu'il me reste quelque chose à en dire. Ce fut comme le manifeste par lequel l'auteur annonça son retour, et l'apparition prochaine de son grand ouvrage ; ou, si l'on veut, ce fut un petit corps d'éclaireurs ou de troupes légères qui précédait la grande armée, et lui frayait la route ; mais l'éclat qu'a jeté cette avant-garde pourrait bien ne rien prouver pour le succès du reste.

> Les petits en toute affaire
> S'esquivent fort aisément :
> Les grands ne le peuvent faire.

Au reste, il ne faut pas croire que lorsque l'auteur parle de *dévotions populaires*, quelques-unes de ces dévotions seulement soient l'objet de ses regrets ; il les aime, il les regrette toutes. Pour qu'un peuple soit selon son cœur, il faut qu'il croie entendre la voix des morts dans les vents ; qu'il parle tout le jour des fantômes de la nuit, qu'il aille en pélérinage pour le soulagement de ses maux ; que chaque fontaine , chaque croix dans un chemin, chaque soupir du vent de la nuit porte avec lui un prodige. On ne saurait se figurer comme il s'enflamme et se transporte pour toutes ces belles *harmonies*, et surtout pour les petits saints et les pélerinages. « Pour l'*homme de foi*, dit-il , la nature est une constante merveille. Souffre-t-il? il prie sa petite image , *et il est soulagé*. A-t-il besoin de voir un parent, un ami? il fait un vœu, prend le bâton et le bourdon du pélerin ; il franchit les Alpes ou les Pyrénées, visite Notre-Dame de Lorette ou Saint-Jacques en Galice. Il prie le Saint de lui rendre un fils (pauvre matelot , peut-être errant sur les mers), de prolonger les jours d'un père , de sauver une sage épouse. Il part pour retourner à sa chaumière ; tout chargé de coquillages, il fait retentir les hameaux du son de sa conque , et chante dans une complainte naïve la bonté de Marie, mère de Dieu. Chacun veut avoir quelque chose qui ait appartenu au pélerin : il n'y a pas un petit morceau de son habit qui ne puisse opérer un miracle. *Que de maux guéris par un seul ruban consacré !* Le pélerin arrive aux environs de sa demeure : la première personne qui vient au-devant de lui, c'est sa femme *relevée de couches*, c'est son fils *retrouvé*, c'est son vieux père *tout rajeuni* (1).

____

(1) Tome III, p. 175.

Il aime aussi tendrement les jubilés qui, à de certaines époques, *plongent tous les chrétiens dans la piscine du repentir;* et sans doute la cour de Rome les aimait encore davantage, quand ils étaient et quand ils produisaient ce qu'ils devaient être et produire. Mais tout cela n'est rien auprès de l'enchantement qu'il éprouve à parler de Notre-Dame-des-Bois. Il se monte, pour la chanter, sur le ton le plus poétique. Toute les divinités antiques avaient leur hymne : il a voulu que Notre-Dame-des-Bois eût le sien, et il a pris pour elle la lyre d'Orphée, d'Homère ou de Callimaque.

« Qui ne connaît Notre-Dame-des-Bois, cette habitante du creux de la Vieille-Epine ou du Trou moussu de la fontaine? Elle est célèbre dans tout le hameau par ses miracles. » Puis il détaille ces miracles de la Sainte : elle adoucit les douleurs de l'enfantement des mères; elle fait, au clair de la lune, revoir aux filles..... l'ame de leurs fiancés qu'elles ont perdus. « Les colombes qui boivent des eaux de sa fontaine *ont toujours des œufs dans leur nid*, et les fleurs qui croissent sur ses bords, toujours des boutons sur leur tige. Il était convenable que cette Sainte fît des miracles doux comme les mousses qu'elle habite, charmans comme les eaux qui la voilent (1). »

____

(1) Tome III, p. 178.

Est-ce donc sérieusement qu'un homme fait, tient à des hommes faits, et au commencement du 19ᵉ siècle, un tel langage? Pour sauver l'honneur de sa raison, que serait-on contraint à penser de sa bonne foi? et qu'est-ce qu'un homme qui l'estime trop pour douter de sa bonne-foi, est réduit à penser de sa raison? — Mais plus un culte a de ces dévotions, plus il est nécessairement poëtique. — Et quand cela serait vrai, ne s'agit-il donc enfin que de poësie dans ce malheureux monde? est-ce pour alimenter des rêveries creuses et des mélancolies poëtiques, que la société humaine est formée? Faudra-t-il que toute une génération d'hommes, qui pouvaient devenir des êtres raisonnables, rapprenne à se nourrir de visions, à trembler devant des Fétiches, à ne rêver qu'ombres et fantômes, pour que d'autres songe-creux, des poëtes viennent ensuite se délecter dans ces peintures;

Ut pueris placeant, et declamatio fiant!

Dans un village des environs de Paris, un Saint faisait jadis des miracles moins doux et moins aimables que ceux de Notre-Dame-des-Bois; il guérissait les possédés et les démoniaques. Le jour de sa fête, ou plutôt la nuit, des hommes et des femmes qui avaient le diable au corps, arrivaient en pélérinage de plusieurs lieues à la ronde. On en faisait venir jusques de Paris ; les forts et quelques femmes de la halle étaient ordinairement appelés : on les faisait bien boire, et surtout de l'eau-de-vie ; c'est ainsi que de bons paysans me l'ont conté ; ils entraient ensuite dans l'église, et à minuit on disait la messe du Saint : alors les cris, les contorsions, les effroyables convulsions commençaient : la maison de Dieu devenait un enfer ; mais à certain moment et à certaines prières, le diable, après avoir joué de son reste, s'enfuyait plein d'épouvante ; les dépossédés et dépossédées reprenaient le chemin du cabaret, où les gens du village et les curieux de tous les environs, édifiés et contens, les reconduisaient en foule ; on buvait le reste de la nuit, et encore toute la journée. Cela durait ainsi pendant une octave ; et chaque soir de nouveaux malades arrivaient pour de nouveaux miracles. Durant ces huit jours, les cabarets n'étaient jamais vides ; les rixes étaient fréquentes ; mais tout le monde ne se querellait pas : ce n'étaient point *les ames* de leurs amoureux que les jeunes filles cherchaient au clair de la lune, ou dont elles se faisaient chercher : Tout le village suspendait ses travaux, et ne faisait que danser, aimer, boire et se battre (1).

____

(1) On prétend que cette fête ou cette *dévotion populaire* enrichissait le pays, c'est-à-dire la chapelle du Saint et les cabarets. Elle avait cessé depuis dix ans, mais peut-être va-t-elle

Je ne sais si tout cela était fort poëtique, mais quel devait en être l'effet moral ? Je le demande à M. de Châteaubriand lui-même. Est-ce là de ces institutions qu'il regarde comme *tendant mieux que les lois elles-mêmes à conduire la foule à la vertu ?* Et qui ne sait que la plupart de ces *dévotions* avaient plutôt ce caractère que celui d'innocence, de douceur et de mysticité champêtre qu'il donne à sa fête de la Dame-des-Bois ? — « A force de déclamer contre la superstition, on finira par ouvrir la voie à tous les crimes. » — Oui, tandis qu'on aura fondé sur la superstition toutes les vertus. Mais quand on les aura élevées sur leurs véritables bases, quand on ne méprisera plus assez les hommes pour dire et croire qu'on ne peut les mener à la vertu que par l'erreur, quand ce seront des vertus véritables qu'on voudra leur inspirer, pour leur propre bonheur et pour celui de leurs semblables, et non pas ces vertus factices qui ne font de bien qu'à ceux qui les leur commandent, et qui s'en dispensent ; quand de bonnes insti-

---

renaître. L'année dernière, il vint la nuit quelques pélerins auxquels on ne fit pas grande fête. Il en reviendra peut-être cette année davantage ; depuis qu'on n'exorcisait plus, on n'était plus possédé du Diable, mais on le redeviendra tout exprès pour faire honneur à l'exorcisme. On dit que les cabaretiers travaillent fortement pour cela, et qu'ils se flattent du succès.

Qu'importe de quel bras Dieu daigne se servir ?

tutions s'empareront d'eux dès la jeunesse, les conduiront par le plaisir, et les attacheront par l'habitude à tout ce qui est bon et utile; alors on n'aura plus à craindre d'ouvrir la porte à tous les crimes en détruisant la superstition, qui en est la source la plus féconde; au lieu d'un ramassis de grands enfans, méchans et sots, on aura une société d'hommes qui se rendront mutuellement heureux, et serviront, chacun selon ses moyens, leur patrie, sans avoir besoin pour cela de revenans, de pélerinages, de jubilés, ni de toutes ces niaiseries de la Vieille-Epine et du Trou moussu de la fontaine.

ARTICLE TROISIEME.

C'est encore tout *naturellement* que l'auteur se trouve *ramené d'Atala au culte chrétien*. Il a pris son parti sur ces sortes de transitions; prenons aussi le nôtre; et puisqu'il s'est cru obligé de parler des cloches avant de traiter de ce qui regarde les églises, les ornemens, les chants et les prières, commençons aussi par les cloches.

Il n'a pas attendu jusqu'à ce moment à se passionner pour elles. On voit, dès son second volume, que *René* n'est que son interprète quand il s'écrie : « O quel cœur si mal fait n'a tressailli au bruit des cloches de son lieu natal, de ces cloches *qui chantèrent de joie* sur son berceau, qui annoncèrent son avènement à la vie, qui *marquèrent le premier battement de son cœur,* qui publièrent dans tous les lieux d'alentour la sainte allégresse de son père, les douleurs et *les joies* encore plus ineffables de sa mère! Tout se trouve dans les réminiscences enchantées que donne le bruit de la cloche natale, philosophie, piété, tendresse, et le berceau et la tombe, et le passé et l'avenir. „

On doit convenir qu'il n'y a rien de plus beau ni de plus touchant dans tout ce qui a jamais été dit sur les cloches; mais notre auteur a voulu, dans un chapitre *ad hoc,* surpasser *René,* ou plutôt se surpasser lui-même. Il considère les cloches dans leurs grands effets moraux : souvent au milieu de la nuit, leur tintement a surpris l'oreille d'une épouse adultère ; souvent l'athée prêt à écrire qu'il n'y a point de Dieu, entendant sonner une agonie, a laissé tomber la plume et compté avec effroi les coups de la mort qui semblaient lui dire : *Est-ce qu'il n'y a point de Dieu?* « Oh! que de pareils bruits n'effrayèrent-ils le sommeil de Roberspierre ! „ etc.

Mais par malheur les femmes en adultère n'écoutent guère tinter les cloches : l'athée qui concluerait de ce bruit qu'il entend l'existence du Dieu qu'il nie, serait peu en état de soutenir thèse, et peu dangereux pour la cause de Dieu.

Quant à Roberspierre, je ne sais s'il dormait au son des cloches ; mais il nous prouva plus d'une fois qu'il ne s'y déplaisait pas. Les tigres de son espèce, sourds à la voix de l'humanité, sont peu touchés de celle des cloches, à moins qu'elles ne sonnent le tocsin contr'eux : du reste, ils signeraient des proscriptions au branle des gros bourdons de toutes les cathédrales.

« Mais des sentimens plus doux s'attachaient aussi au bruit des cloches. Lorsqu'avec le chant de l'alouette, vers le tems de la coupe des blés, on entendait au lever de l'aurore les petites sonneries de nos hameaux, on eût dit que l'ange des moissons, pour réveiller les laboureurs, soupirait *sur une cornemuse d'airain* l'histoire de Séphora et de Nohémi. » Je félicite l'auteur d'avoir l'oreille si bien aguerrie à ces tintemens importuns, qu'ils le jettent ainsi dans des rêveries pastorales : pour moi qui n'ai pas le bonheur de prendre une cloche pour une cornemuse, ni de croire que quand une cloche sonne, c'est un ange qui soupire des églogues tirées du vieux ou du nouveau Testament, j'avoue que je ne partage point sa tendresse pour les sonneries matinales ; que dans mon cabinet solitaire, auparavant si recueilli, si loin de toute distraction et de tout bruit, elles sont pour moi, à certains jours, un très-incommode voisinage, et que je me passerais fort bien de leur retour.

Boileau, dont la piété est aussi incontestable que le goût, ne les aimait pas plus que moi. Tout le monde sait ces quatre vers :

> Tandis que dans les airs mille cloches émues,
> D'un funèbre concert font retentir les nues,
> Et se mêlant au bruit de la grêle et des vents,
> Pour honorer les morts font mourir les vivans (1).

Je ne puis non plus regretter comme l'auteur *cette cloche agitée par les fantômes dans la vieille chapelle de la forêt*, et encore moins *celle qu'une religieuse frayeur balançait dans nos campagnes pour écarter le tonnerre.* Je suis trop près du clocher de mon village, et je sais trop bien que le son des cloches n'écarte pas la foudre, mais l'attire.

Enfin M. de Châteaubriand a mal fait de rappeler, dans son panégyrique des cloches, leurs terribles effets dans des journées inscrites aux fastes de l'histoire en caractères de sang. Rien n'est moins favorable à l'amour qu'il veut nous inspirer pour elles que le souvenir du rôle qu'elles jouèrent dans l'exécrable nuit de la Saint-Barthelemy ou dans les horribles jours de Septembre.

Quand on s'est imposé la tâche de tout défendre, dans une cause excessivement complexe, on se condamne quelquefois à de singuliers raisonnemens ! L'auteur peut-il s'être fait illusion

_____

(1) Satire VI.

sur ceux qu'il oppose aux gens qui voudraient que le peuple pût comprendre à l'église ce qu'on lui chante et ce qu'il chante ? « Nous ne voyons pas, dit-il, ce que la langue de Virgile, et même en certains tems et en certains lieux la langue d'Homère, peut avoir de si déplaisant. » Je ne le vois pas plus que lui pour mon compte, et pour le compte de ceux qui ont été comme nous, ou mieux que nous, instruits dans ces deux langues; mais il ne s'agit point de leur beauté ; il ne s'agit même pas de savoir si le latin des chants d'église doit plaire ou déplaire, littérairement parlant, à proportion que l'on sait plus ou moins la langue de Virgile, mais si l'on peut se joindre en esprit et en vérité à des prières proférées dans une langue qu'on ne sait pas.

Il trouve *tout simple* qu'on parle au roi des rois dans le même idiôme *où les nations prosternées adressaient leurs prières aux Césars*. Mais ces nations savaient bientôt une langue contemporaine : ceux du moins qui allaient à Rome se prosterner en leur nom l'avaient apprise ; et quoique ces monstres de Césars, comme les appelle le poëte Delille (1), ne fussent pas quelque-

---

(1) Et ces tristes Césars cent fois plus monstres qu'eux,
(que les lions et les tigres sauvages)
Qui tout hideux d'effroi, de soupçons et de crimes,
Semblent encor de l'œil désigner leurs victimes.

Jardins. Ch. IX.

fois gens de trop bonne humeur, ils auraient éclaté de rire si l'on eût amené devant eux, pour les prier dans leur langue, des barbares qui, n'y comprenant rien, l'eussent parlée, prononcée ou chantée en l'estropiant de cent manières.

De cet exemple peu concluant, il passe à une explication métaphysique difficile à qualifier. « Il y a, dit-il, une chose très-remarquable : des oraisons en langue latine paraissent redoubler le sentiment religieux de la foule. *Ne serait-ce point un effet naturel de notre penchant au secret?* Dans le tumulte de ses pensées et le fond de misère qui compose sa vie, l'homme, en prononçant des mots *peu familiers ou même inconnus*, croit demander toutes les choses qui lui manquent et qu'il ignore : le vague de sa prière en fait le charme, et son ame inquiète, qui sait peu ce qu'elle desire, aime à former des vœux aussi mystérieux que ses besoins. » On voit que l'auteur est fidèle à cet amour pour le mystère, dont nous avons déjà vu d'autres preuves. Tout s'explique dans son système par *le penchant au secret* ou au mystère, c'est-à-dire, à parler comme à croire sans comprendre : tout s'explique encore par ces *passions vagues*, dont il avoue que la nature humaine est redevable au christianisme (1). Ainsi, selon lui, c'est cette religion qui porte le

---

(1) **Voyez** ci-dessus, pag. 43.

cœur à ce vague des passions, et c'est ce vague qui fait que l'on aime à prononcer, dans une langue inconnue, les prières que cette religion prescrit.

Mais tout ce vague et toutes ces dispositions au mystère ne sont guère le partage du peuple, qui n'a pas trop le tems de raffiner ainsi sur la mélancolie. Ce n'est pas l'ignorance, même chrétienne, qui conduit là, c'est une mauvaise culture de l'esprit ; cette culture, quelle qu'elle soit, commence presque toujours par l'étude et l'intelligence de la langue latine, ce qui fait que tout ce qu'on peut appeler la partie rêveuse de la société chrétienne, entend trop bien ce qu'elle dit, quand elle prie en latin, pour y trouver cette commodité dont parle l'auteur, de croire demander tous les objets de ses vagues desirs, *toutes ces choses qui lui manquent et qu'elle ignore ;* tandis que le peuple, qui sait très-bien ce qu'il lui faut, ce qu'il desire, et dont les vœux ne sont pas plus mystérieux que les besoins, ne peut éprouver un si grand charme que le prétend l'auteur à prononcer des mots qu'il n'entend pas.

Il examine ensuite ce qu'on appelle, selon lui, la *niaiserie* et la *barbarie* des cantiques saints. Il cite en leur faveur des versions poëtiques de Malherbe, de Rousseau et de Racine. Il reste prouvé que Malherbe, Rousseau et Racine ne sont ni *niais* ni *barbares*; mais est-ce bien là *ce qu'il fallait démontrer?*

Après les cloches et le latin, vient le dimanche. L'auteur en appuie l'éloge sur des raisons arithmétiques et géométriques que je ne discuterai pas : c'est désormais un procès jugé. Il y fait aussi intervenir les causes physiques. « Non-seulement l'homme, dit-il, mais le bœuf ne peut labourer neuf jours de suite; au bout du sixième, *ses mugissemens semblent demander* les heures marquées par le Créateur pour le repos général de la nature. » Et il met en note : *les paysans disaient : Nos bœufs connaissent le dimanche et ne veulent pas travailler ce jour-là.* — L'usage de labourer avec des bœufs n'est connu que dans quelques-uns de nos départemens ; on voit donc bien quels étaient les paysans qui observaient dans leurs bœufs cette répugnance. Les chevaux, qu'on emploie partout ailleurs, n'ont pas marqué le même entêtement; personne ne les a entendus hennir d'impatience à la fin du sixième jour : ne devine-t-on pas à quoi tenaient ces préjugés dans les bœufs de la Vendée?

Les chapitres suivans sont consacrés à l'explication de *la messe,* à la description et à l'éloge *de la Fête-Dieu, des Rogations, des Rois, de Noël,* et des autres fêtes du christianisme. L'explication m'a paru faible, mais le zèle de l'auteur se soutient dans les éloges, et son talent dans les descriptions.

Les funérailles viennent ensuite, celles des grands, du guerrier, des riches, des pauvres, qui toutes sont décrites avec leurs couleurs propres ; l'étiquette des rangs y est fidèlement observée : car les grands et les petits ont dans la mort comme dans la vie, leurs pompes et leur nudité. Les prières de l'église sont peut-être les mêmes pour les uns et pour les autres, mais est-il vrai, comme le dit l'auteur, que *le grand nom de chrétien met tout de niveau dans la mort?* Outre la magnificence des convois d'un côté, et la mesquinerie de l'autre, qui font bien quelque petite différence, ne se souvient-il pas d'en avoir vu une très-marquée dans le ton et le maintien des ministres du culte, selon qu'ils conduisaient au dernier gîte ou un pauvre de ce monde ou un riche ? Quelle marche précipitée, quel ton expéditif et distrait, quel murmure sourd de paroles hâtives, ou même quel silence pour l'un ; quel recueillement, quelle gravité dans la démarche et dans la voix, quels chants à pleine tête et à pleine gorge pour l'autre ! Ne devinait-on pas tout de suite à leur mine, s'ils pouvaient ou ne pouvaient pas dire, comme le curé du bon La Fontaine :

> Monsieur le mort j'aurai de vous,
> Tant en argent et tant en cire,
> Et tant en autres menus coûts ?

S'il y avait lieu à faire ce calcul, n'était-ce pas alors qu'ils récitaient à cœur-joie

Maintes dévotes oraisons,
Et des pseaumes, et des leçons,
Et des versets et des répons ?
Monsieur le mort laissez-nous faire :
On vous en donnera de toutes les façons ;
Il ne s'agit que du salaire.

J'ai cité Boileau sur les cloches, me voilà citant La Fontaine sur les enterremens. C'est la poëtique du christianisme que j'examine ; si j'ai pour moi des poëtes chrétiens, je suis en règle.

Il y a un livre entier sur les tombeaux : il n'est pas long et la matière est riche, puisque l'auteur jette un coup-d'œil sur ceux de presque toutes les nations anciennes et modernes. Faut-il le louer de cette sobriété qu'on desirerait dans plusieurs autres parties de son ouvrage ? Faut-il regretter que dans un sujet si bien assorti à la teinte habituelle de ses idées et de son style, il ne se soit pas plus étendu ? Au reste, en parlant des tombeaux, qui aurait-il eu à convertir ? et qui nie l'intérêt qu'ils inspirent ? Mais pour donner, selon sa coutume, l'avantage aux tombeaux chrétiens sur tous les autres, il a besoin de louer un usage qui a maintenant peu de partisans, celui de placer des sépulchres dans les églises, et des cimetières dans les villes. — Lycurgue avait ordonné d'enterrer les morts dans Sparte même, et autour des temples. — Fort bien ! mais ce n'était nullement pour la raison que vous dites : ce n'était pas qu'il crût « que la cendre des pères , loin d'abréger les jours des fils , prolonge en effet leur existence , en leur enseignant la modération et la vertu qui conduisent les hommes à une heureuse vieillesse. ,, C'était, à ce qu'il paraît , parce qu'avant lui, les Spartiates étaient comme les Hébreux , qui regardaient comme souillé pendant sept jours , tout homme qui aurait touché à un mort ou à un sépulchre (1) : c'était pour les guérir de cette superstition (2) , pour les empêcher de craindre la vue, ou l'approche des morts, *comme si ce fût*, dit le naïf Amyot, *chose qui par l'attoucher seulement , ou passer à travers des sépultures , rendit l'homme pollu.* Chez nous , le cas est fort différent ; nous n'avons point de superstitions semblables à guérir ; nous en avons d'autres à craindre , et c'est pour favoriser leur retour qu'on voudrait entasser de nouveau dans les villes , les morts au milieu des vivans. Assez de moyens y sont employés ; qu'on nous fasse du moins grace de celui-là, qui ramènerait du même coup les épidémies et la peste. Nous avons vu un tems où , en l'honneur de Lycurgue , on voulait nous réduire au brouet noir : aujourd'hui, l'on voudrait , toujours en son honneur , combler

___

(1) Voyez la note de Dacier sur cet endroit de la vie de Lycurgue.

(2) Plutarque le dit expressément.

encore de cadavres l'approche et même l'intérieur des temples : « Monsieur, dit une de ces servantes de Molière, à qui il donne plus de bon-sens qu'à leurs maîtres, les anciens étaient les anciens, et nous sommes les gens d'aujourd'hui. »

L'histoire de la vie de Jésus-Christ, celle du clergé qui ne lui ressemble guère, du clergé séculier avec sa hiérarchie, du clergé régulier avec toutes ses religions ou tous ses ordres, l'éloge des constitutions monastiques, le tableau des mœurs et de la vie des moines cophtes, maronites, trappistes, chartreux, missionnaires, etc., etc., occupent successivement l'auteur, mais ne doivent pas nous occuper. Les descriptions, les faits, quelquefois même les fables ou les bruits populaires, tout lui sert, tout a ses beautés, son charme, sa poësie. Diderot qui ne passe pas pour avoir été de son avis dans tout le reste, partageait son admiration pour les moines de Saint-François. On l'a vu plus d'une fois s'arrêter court quand il en rencontrait dans la rue, et s'écrier avec enthousiasme : Ah ! que c'est beau un capucin !

Mais ils ne se seraient peut-être pas ainsi accordés sur les chartreux et les trappistes, quoique ces derniers surtout eussent aussi leur genre de *beautés*. M. de Châteaubriand se complaît à les décrire : il s'extasie sur le *frère*, *il faut mourir*, que ces spectres macérés et taciturnes se disaient

*

lorsqu'ils se rencontraient entre eux : il appelle cela de la morale en action. Et le trappiste mourant, de quelles couleurs sombres et fidelles il le peint ! c'est, selon lui, de la *haute philosophie*. Mais voici la philosophie qui est en effet renfermée dans le tableau de cette mort : voici ce que d'une voix *qui résonne déjà entre des ossemens* (1) , ce trappiste mourant fait entendre.

Chrétiens prétendus, qui vous jouez avec une religion foudroyante , qui spéculez sur ses promesses en détournant les yeux de ses menaces, qui en faites ou l'instrument de votre ambition , ou l'objet de vos rêveries, et l'aliment de votre imagination romancière, voyez et tremblez. Ou vous ou moi, nous sommes des insensés. Je le suis, si le Dieu que nous adorons n'exige pas les sacrifices que j'ai faits ; s'il permet, s'il ordonne que les hommes vivent et conversent ensemble , qu'ils forment des sociétés, où des affaires les occupent, où des plaisirs les délassent, où ils mettent en commun leurs biens et leurs maux ; s'il leur a donné des sens pour connaître et pour jouir , des facultés pour les exercer, un esprit pour le perfectionner, pour en accroître les forces et en étendre les limites en le cultivant ; s'il n'a pas destiné dans un autre monde une récompense éternelle à chaque

---

(1) Tome I, p. 127.

privation, et à chaque jouissance un éternel sup-plice. Mais si je ne suis pas le plus malheureux et le plus stupide des insensés, qu'êtes-vous, je ne dis pas vous, hommes irréligieux et mondains qui méconnaissez ces vérités terribles, mais vous, hommes croyans et pieux à votre mode, qui prétendez y façonner ce qui ne se modifie point, et y plier ce qui est inflexible, que faites-vous dans le monde, sous les habits du monde, vous pavanant dans des cercles de femmes, re-cherchant des emplois, mendiant des succès et de vains applaudissemens? que parlez-vous d'une religion toute en fêtes, en cérémonies magni-fiques, en chants et en spectacles, d'une religion qui ne détruit pas *la partie poëtique de l'ame*, et et qui laisse encore un champ libre *aux décou-vertes et aux desirs?* Le cilice, la cendre, la tombe, là doivent se borner tous les desirs; *frères, il faut mourir*, voilà toutes les découvertes; le reste est mondanité, vanité, damnation éternelle!

Si c'est vous qui êtes des insensés, pourquoi par vos beaux discours et vos gros livres, venez-vous tromper et damner les hommes, qui se damneraient au moins plus gaîment sans vous? Si c'est moi qui le suis, pourquoi me louer? pourquoi m'étaler en exemple? pourquoi vanter une religion qui mène, quand on veut réellement y croire et la suivre, à cette aliénation d'esprit?

Mais laissons-là ce pauvre moine, que je suis tout surpris d'avoir voulu faire parler raison, et revenons à M. de Châteaubriand. « Le christianisme, dit-il avant de quitter la trappe, a tiré du fond du sépulchre toutes les moralités qu'il renferme ; *et c'est par la mort que la morale est entrée dans la vie.* » Oui, encore une fois, cette morale sépulchrale, mélancolique, et je dirais presque lycanthrope, la morale de la crainte, de la superstition et des prêtres ; mais non la morale sociale, la seule vraie, la seule dont la théorie et la pratique soient d'accord avec le bien de la société humaine, et par conséquent avec les véritables *fins de l'homme.*

Je ne le suivrai point dans son livre des Missions étrangères, au Levant, à la Chine, au Paraguay, à la Guyanne, aux Antilles. C'est trop de chemin après une si longue route : franchement, je suis un peu las du voyage, et peut-être ne le suis-je pas seul. Ce livre est pourtant un des plus intéressans de l'ouvrage ; l'auteur admire de bonne foi des sacrifices et des actes de dévouement et de courage, admirables en effet, quel qu'en fût le motif, lorsqu'ils n'ont pas troublé des nations heureuses, innocentes et paisibles, lorsque les souffrances endurées et le sang versé par de trop zélés missionnaires, n'ont pas été le malheureux germe de bien d'autres souffrances, et d'une effusion de sang qui n'a cessé qu'à l'extinction totale de ces peuplades lointaines.

J'espère que l'auteur ne me confondra cependant ni avec ceux qu'il croit capables de se réjouir des tourmens de ces confesseurs de la foi, ni même avec ceux qu'il nomme par dérision *les sages*, qui demandent, dit-il, avec une pitié superbe *ce que ces moines allaient faire dans les déserts de l'Amérique*. Il est dommage qu'il ait gâté par de pareils traits d'aigreur, des descriptions et des récits faits pour intéresser tout lecteur sensible. Pourquoi encore, en racontant d'affreux supplices que des anthropophages du Canada firent souffrir à deux missionnaires, y entre-mêle-t-il un fait faux, une véritable calomnie sur une époque que l'on croirait pourtant à peine possible de calomnier? Non, il n'est pas vrai qu'aux abominables journées de Septembre, on ait *porté dans Paris des cœurs de prêtres au bout des piques*, en chantant des refreins en jeux de mots et en calembourgs. Ni alors, ni depuis, je n'ai jamais entendu rapporter ce fait, encore incroyable après tout ce que ces jours sanglans nous ont forcés de croire. Et quand il serait vrai, quel plaisir peut-on trouver à le rappeler ici? Dans un grand ouvrage, qu'on ne donne sans doute pas pour une brochure du moment, pour un pamphlet de circonstance, pourquoi tout à coup ce ton polémique, ce

style de pamphlet et de brochure ? Je ne dirai
pas seulement à l'écrivain : Où est le goût, la
convenance ? je dirai au chrétien : Où est la
charité ?

Et il prétend, et il assure qu'on se trompe
quand on le suppose animé de l'esprit de
parti (1)! Ah! ce genre d'esprit qu'on voudrait
ne jamais montrer, est celui de tous qu'on peut
cacher le moins. Ce n'est pas ici, à beaucoup
près, le seul endroit qui en soit infecté. Et quel
autre esprit aurait dicté à tout propos ces sorties
contre la philosophie, qu'il accuse de tout le
mal suscité pour empêcher le bien qu'elle voulait
faire ; qu'il accuse même d'être mortelle aux véritables attraits des femmes (2), et qui, à l'entendre,
n'est pas moins cruelle, moins sanguinaire que
le fanatisme (3) ? Et ces sorties plus fréquentes
encore contre des excès révolutionnaires, dont
gémissent comme lui tous les vrais amis de la
liberté, et dont plusieurs ont personnellement
plus souffert que lui, quel autre esprit les aurait
dictées? Quel autre lui eût fait dire, par exemple,
dans un chapitre sur les fêtes : « La Convention
eut ses jours sacrés ; alors la famine était appelée

---

(1) Préface, p. 9.

(2) Tome I, p. 271.

(3) Il cite un passage de Rousseau qui commence ainsi : Le
fanatisme, quoique sanguinaire et cruel, etc., et il met en
note : La philosophie l'est-elle moins ? T. II, p. 249.

sainte, et l'*hozannah* était changé dans le cri de *vive la mort!* (1) „ On fit sans doute et l'on dit alors bien des atrocités et bien des folies , mais on ne songea pas à celle-là : *vive la mort !* est un cri , ou plutôt une pointe , dont M. de Châteaubriand est l'inventeur : c'est lui qui en aura toute la gloire.

Voici un trait d'un autre genre , où l'esprit de parti , j'oserai le dire , se montre dans toute sa laideur. L'auteur , dans son chapitre des missions des Antilles , cite des passages touchans d'un bon missionnaire , le Père Dutertre , sur la vie , les travaux et les peines des malheureux noirs. C'est à en parler ainsi qu'il voudrait que l'on se fût borné. « Avec de grands mots , dit-il, on a tout perdu : *on a éteint jusqu'à la pitié ;* car qui oserait encore plaider la cause des noirs, après les crimes qu'ils ont commis? „ Qui? tout homme raisonnable et sensible; tout ami de l'humanité. Mais ce n'est pas de cela qu'il s'agit , et je ne suis nullement tenté d'entamer ici une discussion intempestive. « Tant nous avons fait de mal ! poursuit l'auteur ; tant nous avons perdu les plus belles causes et les plus belles choses !„ Et il ajoute, dans une note sur les belles causes et les belles choses que nous avons perdues : « Cette vérité est bien sensible aux ré-

______

(1) T. IV, p. 39.

présentations des tragédies de Corneille. Le spectateur demeure presque froid aujourd'hui aux scènes sublimes des *Horaces* et de *Cinna*. Derrière tous ces mots admirables, *Quoi! vous me pleureriez mourant pour mon pays*, etc., on ne voit plus que du sang, des crimes et le langage de la tribune de la Convention. ,, (1)

Aveugle et passionné jeune homme! dites, dites encore que vous n'êtes point animé par l'esprit de parti! Eh! qu'est-ce donc qui a desséché dans votre cœur la fibre généreuse qui frémissait doucement au mot de patrie, à l'idée de mourir pour elle, et aux vers républicains de Corneille? Vous n'êtes point animé par l'esprit de parti! et désormais, dès qu'on exprimera devant vous ces sentimens si nobles, si doux, si naturels à l'homme, vous ne verrez plus que du sang, des crimes et un langage de tribune!

Du sang! ah! voyez du moins celui de ce million de Français, versé pour une cause dont on ne pourra pas plus, dans l'avenir, obscurcir la beauté que nier la justice; versé pour empêcher l'invasion et l'asservissement de la France; pour y fonder la liberté, la couvrir d'un éclat que rien n'effacera dans la mémoire des hommes, et conquérir enfin une glorieuse paix.

Des crimes! Hélas! sans doute, et de bien

______

(1) T. IV, p. 189.

funestes pour cette cause même qu'ils ont ternie et compromise, mais que l'équitable histoire ne confondra point avec eux. Mais ne confondez-vous pas vous-même avec ces crimes, le renversement du trône et la fondation de la République? Et ces crimes encore, ceux qui méritent justement ce nom, oubliez-vous ou ne savez-vous pas quelle main étrangère en jeta le germe et l'aliment parmi nous? N'y verrez-vous jamais l'ouvrage de nos ennemis dont ils servaient la cause en souillant la nôtre, en divisant nos volontés et nos forces, en nous détruisant par nos propres mains?

La Convention et sa tribune, la tribune de la Convention et son langage! Dites donc, si vous voulez être juste dans votre aversion pour elle, le langage qu'y parlèrent souvent les factions qui l'opprimaient et dont le feu y était alimenté sans cesse par l'intrigue et l'or de l'étranger. Mais que dis-je? ces factions elles-mêmes ne firent-elles pas plus d'une fois entendre à cette tribune, dont le fantôme vous poursuit et vous apparaît encore, les accens du patriotisme et du courage? Oppresseurs, opprimés, tous ne s'y réunirent-ils pas pour braver et repousser le danger commun, le danger non de tel ou tel parti, mais de la France, de la Patrie? N'est-ce pas à ce mâle langage que se levèrent, tout armés, nos six cent mille braves? N'est-ce pas de cette tribune que furent lancés ces décrets énergiques qui leur commandèrent la victoire et qui furent obéis ? Si ce vers tout romain , et si digne d'un vrai français :

Quoi ! vous me pleureriez mourant pour mon pays !

si du moins le noble sentiment qu'il exprime retentit alors à la tribune conventionnelle , il retentit aussi dans nos camps ; c'est la fleur toute entière d'une génération libre qui le répéta dans son cœur et qui tomba pleine de gloire , sans soupçonner que bientôt des cœurs français ne palpiteraient plus , des spectateurs français *resteraient presque froids* à ce vers qui exprime si bien le bonheur de mourir comme elle !

Vous n'êtes point animé par l'esprit de parti ! Vous l'êtes à tel point que vous prenez pour la froideur publique votre propre froideur. Non , non , les scènes sublimes de Cinna , des Horaces , ne laissent point aussi indifférente que vous le dites la masse des spectateurs , où se trouve souvent encore ce qui reste de cette intrépide jeunesse qui se dévoua pour son pays. Les compagnons , les frères d'armes des braves qui ne sont plus , ceux qui les ont vus verser leur sang dans les combats, et qui sont fiers du sang qu'ils y ont versé eux-mêmes, portent partout avec eux le sentiment de leur gloire ; leur ame entière répond aux accens de la valeur et de la liberté ; leurs applaudissemens, leur émotion, leurs larmes, accueilleront toujours ce qu'il y a de vraiment romain dans les drames qui nous retracent l'antique Rome.

Veut-on savoir à quoi tiennent ces incurables préventions, ces saillies involontaires d'un esprit de parti qu'il est plus aisé de nier qu'il ne l'est de s'en guérir? on n'a qu'à lire le livre V qui traite de la chevalerie ; on y verra quels profonds regrets l'auteur donne à ces institutions guerroyantes ; il les passe toutes en revue, et il y admire tout : esprit, usages, mœurs, amours, fêtes, tournois, chevauchées par monts et par vaux, cartels, défis, galanteries dans les châteaux, où l'on sait bien ce qu'il advenait quelquefois aux chevaliers et aux dames ; contes et devis gaillards des Troubadours, mélange bizarre de superstitions, de faits d'armes et de voluptés ; tout cela était du bon tems, du tems de la sainte ignorance ; tout cela lui plaît, l'enchante, et lui paraît surtout, infiniment chrétien.

Un mot pris de travers l'a conduit à cette illusion, ou lui a semblé propre à y jeter ses lecteurs. Il appelle *église militante* la chevalerie en général. « L'église militante, dit-il, faisait au centre de l'Europe les mêmes progrès qu'aux extrémités. » Or cette expression *église militante* étant connue, plus que le sens précis qu'on y attache, il a cru, ou il a pensé que nous croirions qu'elle désignait les *ordres militaires;* et que les conciles et les pères qui ont parlé de l'église militante, mais non pas de l'église militaire, deviendraient ainsi les garans du caractère d'institution chrétienne qu'il voulait imprimer à toute la chevalerie. Comment un homme aussi versé que M. de Châteaubriand dans les matières ecclésiastiques s'est-il si grossièrement trompé? et comment me flatter que je ne lui donnerai pas une explication superflue lorsque je lui rappellerai que l'*église militante* se dit par opposition à l'*église triomphante;* que celle-ci est l'assemblée des fidèles dans le ciel, et l'autre, l'assemblée des fidèles sur la terre, où ils *militent* et combattent encore contre les ruses du démon et les tentations de la chair; que *militante* n'est pas ici comme *militaire,* l'opposé de *civil* ou de *bourgeois,* et qu'en un mot l'église militante et la chevalerie n'ont absolument rien de commun?

Une autre erreur où il semble être tombé, c'est d'imaginer que la révolution française a détruit la chevalerie, qui était assurément détruite depuis long-tems. Il y avait encore des ordres; mais dans la véritable signification du mot, il n'y avait plus de chevalerie. Celle qu'il regrette formait un ensemble avec des mœurs générales, dont la trace même est effacée; on ne pourrait pas plus ressusciter l'une que les autres ; et il ne faut pas croire que parce qu'il y avait, au moment où la révolution est venue, beaucoup d'hommes qui s'appelaient M. le Chevalier, nous eussions encore en France, ni même en Europe, de véritables chevaliers.

La philosophie et l'histoire ont reconnu les grands services rendus au genre-humain par la religion chrétienne, surtout pour l'aider à sortir de l'effroyable barbarie où il tomba dans ces siècles qui séparent en quelque sorte les tems anciens des tems modernes. La récapitulation de ces bienfaits, par laquelle M. de Châteaubriand termine son ouvrage, en exagère quelques-uns, et serait susceptible d'examen dans plusieurs de ses parties. Par exemple, le bien que quelques papes ont fait aux lettres et aux arts est incontestable ; mais est-ce comme chefs d'une religion qu'ils l'ont fait ? est-ce par des moyens religieux qu'ils sont devenus ce qu'il fallait qu'ils fussent pour faire ce bien aux lettres et aux arts, et qu'ils se sont maintenus ? Quels exemples un grand nombre d'entr'eux donnèrent-ils au monde ? Combien de guerres suscita leur ambition ! que de sang ils firent couler ! etc., etc.

En convenant des services dont les progrès de l'agriculture, la multiplication des hameaux, l'embellissement des villes, sont redevables aux ordres religieux, on pourrait faire à leur sujet les mêmes questions. L'aisance qui se répandait autour d'eux, l'abondance et l'hospitalité généreuse dont on jouissait dans les abbayes, dans les grands monastères, tout cela est encore indubitable ; le monde, *le siècle*, avaient fort à s'en louer ; mais le christianisme, la morale, l'exemple ? L'auteur lui-même croit-il en donner une bonne idée quand il nous dit que « les dames montées sur leur palefroi, les preux cherchant aventures, les rois égarés à la chasse, frappaient, *au milieu de la nuit*, à la porte des vieilles abbayes et venaient partager l'hospitalité qu'on donnait à l'obscur pélerin ? » madame Pernelle ne pourrait-elle pas dire ici, et ne pourrait-on pas dire comme elle ?

> Je veux croire qu'au fond il ne se passe rien ;
> Mais enfin l'on en jase, et cela n'est pas bien (1).

Enfin l'influence que le christianisme a exercée sur la civilisation et sur la législation de l'Europe, ne peut être méconnue ; malgré la différence des tems, s'il rentre dans son esprit et dans son caractère primitif, il peut encore en exercer sur les mœurs ; mais l'auteur ne craint-il pas d'altérer cette vérité, et de la faire méconnaître à force d'exagération, quand il dit que *le*

---

(1) MOLIÈRE. *Tartuffe*, acte I, scène I.

dernier des chrétiens , honnête homme , est plus moral que le premier des philosophes de l'antiquité?

En général , l'exagération est inhérente à sa manière ; c'est pour ainsi dire l'état habituel de son esprit et la couleur dominante de son style. Elle s'y reproduit fréquemment , non-seulement dans les pensées et les expressions , mais dans les images qui ont presque toujours quelque chose de démesuré , de gigantesque. C'est un vice que l'on contracte aisément dans la solitude , mais dont il est bon de se défaire quand on converse avec les hommes et quand on écrit pour eux.

Si de l'examen des choses , je voulais passer à celui du style , je ne pourrais reporter les yeux sur cet ouvrage , sans trouver dans chaque volume et presque à chaque page, de ces traits exagérés et bizarres , que les hommes qui veulent comprendre ce qu'ils lisent ne peuvent aimer , et que les autres n'aiment que par cela même qu'ils ne le comprennent pas.

« L'Eternel a placé la naissance et la mort, sous la forme de deux fantômes voilés , aux deux bouts de notre carrière ; et du haut de son trône, il a jeté notre vie , comme une petite colonne brisée , roulant sans base et sans sommet , dans le vague du Tems. » (*T. I, p.* 16.)

« Dieu .... ne voulant pas détruire tout l'homme , inventa la mort comme un deminéant, afin que le pécheur sentît l'horreur de ce néant entier, auquel il était réservé, sans les prodiges de l'amour céleste. » (*Ibid.*, *p.* 34.)

Lors du déluge universel ,...... » Les temples se remplirent de pâles supplians qui avaient peut-être renié la Divinité toute leur vie ; mais la Divinité les renia à son tour, *et bientôt on annonça que l'Océan tout entier était aussi à la porte des temples* ».... Dieu ayant accompli sa vengeance, dit aux mers de rentrer dans l'abyme : *la terre bâilla de toutes parts*, et engloutit les vastes ondes : (*Ibid.*, *p.* 156 et 157.)

» Nous aimons à nous figurer la terre comme une nymphe, qui pour chevelure a des forêts, pour mamelles des montagnes, pour yeux l'astre du jour et celui de la nuit, pour voix les vents et les eaux, pour manteau les mers et toutes leurs perles. » (*Ibid. p.* 161.)

Sur un vaisseau, au milieu des mers, au coucher du soleil, tout un équipage saisi d'admiration et de crainte, un prêtre auguste en prières : « Dieu penché sur l'abyme, d'une main retenant le soleil aux portes de l'Occident, de l'autre élevant la lune dans l'Orient, et prêtant à travers l'immensité une oreille attentive à la faible voix de sa créature. » (*Ibid.*, *p.* 226.)

Un paysan sur la porte de sa cabane, dans une attitude pensive : « Cette noble figure de l'homme, plantée, *comme la statue d'un Dieu* sur le seuil d'une chaumière; ce front sublime quoique chargé de soucis, ces épaules ombragées d'une noire chevelure , *et qui semblaient encore s'élever comme pour soutenir le ciel* , quoique courbées sous le fardeau de la vie , „ etc. (*Ibid.* p. 248.)

En ce tems-là , des signes funestes se manifesteront dans les cieux : *le puits de l'abyme* s'ouvrira , les sept anges verseront les sept coupes *pleines de la colère....* et la mort parcourra les royaumes *sur son cheval pâle.* (*Ibid.* , p. 287.)

„ Les grandes ames, comme les grands fleuves, sont sujettes à noyer leurs rivages. „ (*Tom. II* , p. 33.)

„ Notre cœur est un instrument incomplet, une lyre où il manque des cordes , et où nous sommes forcés de rendre les accens de la joie sur le ton consacré aux soupirs. „ (*Ibid.* , p. 185.)

„ C'est dans ces tombeaux (les cabinets d'histoire naturelle) où le néant a rassemblé ses merveilles , où la dépouille du singe insulte à la dépouille de l'homme , c'est-là qu'il faut chercher la raison de ce phénomène , un naturaliste athée ; *à force de se promener dans l'atmosphère des sépultures , son ame a gagné la mort.* „ (Tom. III, p. 51.)

Je crois avoir dit quelque part que parmi les taches qui gâtent le style descriptif de l'auteur , il y a jusqu'à des fautes de langue. Il n'est que trop aisé de le prouver.

Jamais il n'est sûr, par exemple, quand il faut mettre ou non dans une phrase la particule disjonctive *ne*. Il dit : *de peur qu'on* EN *découvre la fausseté ;* — *ne serait-il pas possible que la forme extérieure et matérielle* NE *participât de l'arche intérieure*, etc. — *On ne peut douter que les institutions religieuses* SERVISSENT *au maintien des mœurs.* — *On ne peut se dissimuler que la marine et le commerce* SOIENT *nés de ces institutions*, etc.

Il se trompe quelquefois sur le genre des mots, et dit : *Au centre d'*UNE *monticule,* — CETTE *monticule s'ouvre ;* et sur celui des participes ; *La nation algonquine s'étant attir*ÉE *la haine*, etc. ; quelquefois aussi sur le tems ou le mode des verbes, comme : *Toute intéressante que* SOIT *l'histoire de Déiphobe.* — *Tout formidable que* SOIT *ce sublime.*

Il dit : *De* QUEL *côté qu'on envisage le culte de l'évangile ;* et ce qui est encore pis : *J'eusse préféré d'être jeté aux crocodiles de la fontaine* QUE *de me trouver seul ainsi avec Atala.*

Il blâme avec raison Rivarol d'avoir dit, dans un passage de sa traduction de Dante, qu'un homme *fixait* un reptile qui le *fixait* lui-même. « *Fixer*, dit notre auteur, n'est pas français dans ce sens. » Et cependant il écrit lui-même : *ces ténèbres qui couvrent la vue lorsqu'on cherche à* FIXER *le soleil ;* et ailleurs : *le meurtrier n'osa* FIXER *la salle du festin.*

Il met dans son texte : « Si le siècle de Louis XIV a connu toutes les idées *libérales.* » Et il ajoute en note : « Barbarisme que la philosophie a emprunté des anglais. » On n'emprunte que ce qui est ; ce mot n'est pas un barbarisme en anglais ; l'expression n'est donc pas exacte : et si c'est un barbarisme en français, pourquoi s'en servir ?

Je pourrais relever des erreurs d'un autre genre. Par exemple, tout cet ouvrage est, pour ainsi dire, farci de grec, et partout le texte grec y est déplorablement estropié. Le latin ne l'est guère moins ; l'anglais et l'italien ne sont pas beaucoup mieux traités ; ce ne sont là que des fautes typographiques ; mais elles blessent partout les yeux, et il y a plus que de la négligence à les laisser, dans un ouvrage de longue haleine, se multiplier à ce point.

Les traductions que fait l'auteur de la plupart de ces passages, fourniraient aussi des observations. Où a-t-il pris, par exemple, que les mains d'Achille, dans Homère, soient des mains *qui dévorent les hommes ?* C'est bien assez qu'elles les tuent, qu'elles les égorgent : c'est assez qu'elles soient *androphones* (1), sans être *androphages* ou *anthropophages.*

_____

(1) ανδρόφονυς.

Pourquoi traduit-il *virginis os habitumque gerens*, de Virgile, par *la bouche et l'habit d'une vierge de Sparte* ? Il a beau défendre cette version dans une note de son appendice, ce n'en est pas moins tout le visage, toute la figure d'une vierge de Sparte, et non la bouche seulement que Vénus avait emprunté, et que signifie le *virginis os* de Virgile. Ce n'est point non plus d'un feu *aveugle* que brûle l'infortunée Didon, c'est d'un feu secret, d'un feu caché, *cœco carpitur igni*. Un feu *aveugle* n'est pas plus intelligible que ne le serait un feu *clair-voyant*.

Dans des passages plus étendus et mille fois traduits, on ne conçoit pas davantage pourquoi il a voulu mettre du nouveau, et par exemple, dans la belle description de cet horrible bouleversement excité par Neptune (1), qui épouvante Pluton jusqu'aux enfers, pourquoi il a représenté Neptune *fracassant ses ondes ;* ni ce qu'il a voulu dire par *ces bords des épouvantables visions*, et par *ces pâles choses de l'oubli et des ténèbres*, dont n'avaient jamais parlé ni Homère, ni aucun de ses traducteurs.

On devinerait tout aussi difficilement ce qui lui a fait appeler Nestor *cette parole suave*, au lieu de *cet homme au doux langage* (2), comme

---

(1) Au 20ᵉ L. de l'*Iliade*.

(2) ἡδυεπὴς.

l'appelle tout simplement Homère ; et pourquoi il dit que sa bouche était *une fontaine de discours,* au lieu de dire bonnement *une source* ? et surtout pourquoi il donne à la ville de Pylos l'épithète de *pastorale,* à la place de celle de *divine, superbe, sacrée, heureuse,* ou tout ce qu'on voudra, que lui donne Homère ; car les interprètes varient sur le sens précis de cette épithète, mais aucun n'y a rien vu de pastoral, rien qui ressemble à *la pastorale Pylos.*

On est fort excusable de ne pas savoir la musique, mais il faut alors s'abstenir d'en parler quand rien ne nous y force : il ne faut pas, à propos de hardiesses poëtiques, dire « que lorsqu'elles sont bien sauvées, comme les *détonations* en musique, par des *passages* et des *demisons,* elles font un effet très-brillant ; » attendu que les *dissonnances* qu'on sauve et les *détonations* que rien ne peut sauver ne sont pas du tout la même chose en musique, et que les *passages* et les *demi-sons* n'y sauvent rien.

Il y a dans le troisième volume un chapitre entier sur le chant grégorien, dont l'auteur aurait pu s'abstenir, ou sur lequel il aurait dû consulter des musiciens instruits. Sans parler des fautes et des omissions qui regardent cette partie de l'art, il n'aurait pas cité à la fin du chapitre, comme élevés, formés et protégés dans les sacrés colléges de Rome, et à la cour des souverains pontifes, cinq ou six grands maîtres italiens, tous élevés dans les conservatoires de Naples ou de Venise (1).

Ce n'est sans doute qu'un défaut de mémoire qui lui a fait réunir dans le même tombeau *François Ier* et *Anne de Bretagne* (2) ; ni lui ni moi, comme Bretons, ne pouvons nous tromper ainsi de François Ier à Louis XII ; et c'est peut-être aussi par une faute purement typographique qu'Athènes se trouve placée auprès de l'*Issus* et non pas de l'*Ilissus*, dans cette phrase: « Des vertus qu'on ne vit point régner aux bords de l'*Issus* et du Tibre. » Mais des critiques de mauvaise humeur feraient grand bruit de ces fautes-là.

Je n'ai d'humeur que contre moi-même de m'être occupé si long-tems et avec tant d'attention de cet ouvrage ; non qu'il n'en valût la peine sous plus d'un rapport, mais je pouvais, comme tant d'autres, me tirer d'affaire avec quelques phrases tranchantes, quelques citations altérées ou tronquées, quelques bonnes ou mauvaises plaisanteries. Mécontent, peut-être par ma faute, et du plan de ce livre, et de son exécution, et des idées qui ne sont presque jamais, du moins à mon sens, justes et natu-

---

(1) *Vinci*, *Leo*, *Durante*, *Hasse* ou *Le Sassone*, à Naples: *Galuppi* ou *Buranello* à Venise.

(2) T. III, p. 18.

relles, et même du style, quoique dans plusieurs parties, et surtout dans la partie descriptive, il ait un degré de mérite que je me
suis plu à reconnaître ; persuadé qu'avec le talent de l'auteur et même avec ses principes religieux on pouvait être utile aux hommes et les
porter à la vertu sans prendre à tâche de les re-
plonger dans ce que des hommes pieux regardent eux-mêmes comme de misérables superstitions; intimement convaincu que si la religion
a fait du bien, et si elle peut en faire encore,
la superstition n'a jamais fait et ne fera jamais
que du mal, je me suis vu forcé, par cette
véracité dont rien ne me corrige, à choquer
peut-être l'opinion de quelques lecteurs, et ce
qui me serait plus pénible, exposé à blesser,
contre mon penchant et mon intention, un
homme d'esprit, que je n'ai jamais eu que des
motifs d'estimer, sans en avoir aucun de m'en
plaindre.

Je suis plus fâché pour lui qu'il ait publié
cet ouvrage, qu'il ne peut l'être de ma critique
et que je ne le serais pour moi, si l'on me dé-
montrait qu'elle est fausse d'un bout à l'autre.
On peut se consoler de s'être trompé sur un
ouvrage, lorsqu'on a été de bonne-foi ; mais
j'ose prédire à M. de Châteaubriand, que si
quelques suffrages séduisans lui font maintenant illusion sur le succès de son livre, il

regrettera beaucoup un jour de s'être avancé si à découvert et si loin dans une route où ni la véritable piété, ni la raison ne peuvent le suivre ; et que dans peu d'années, il sera peut-être moins content de cette éclatante publication que je ne le suis moi-même.

G.

F I N.